# आख़िरी चट्टान तक

(यात्रावृत्तान्त)

# आख़िरी चट्टान तक

मोहन राकेश

भारतीय ज्ञानपीठ

वाणी प्रकाशन : भारतीय ज्ञानपीठ की पुस्तकों
के एकमात्र प्रकाशक एवं वितरक

पुनर्नवा संस्करण : 2010
दूसरा संस्करण : 2015
तीसरा संस्करण : 2023

लोकोदय ग्रन्थमाला : ग्रन्थांक 265

प्रकाशक
**वाणी प्रकाशन ग्रुप**
**4695, 21-ए, दरियागंज, नयी दिल्ली-110 002**
**फ़ोन : 011-23273167, 23275710**
**ईमेल :** sales@vaniprakashan.in

**ISBN : 978-93-5518-932-5**

**आख़िरी चट्टान तक**
(यात्रा वृत्तान्त)
**मोहन राकेश**



AAKHIREE CHATTAN TAK
(Travelogue)
by Mohan Rakesh

मुद्रक : आर. टेक ऑफ़सेट प्रिंटर्स, दिल्ली-110 032

आवरण-चित्र : हेमराज

**Price : INR. 299**

# प्रकाशकीय

भारतीय ज्ञानपीठ को यह गौरव प्राप्त है कि उसने अपने स्थापना काल से लेकर आज तक प्रत्येक पीढ़ी के श्रेष्ठ रचनाकारों को प्रकाशित एवं प्रतिष्ठित किया है। मौलिकता, प्रतिभा और रचनात्मक सामर्थ्य को पहचानने में ज्ञानपीठ की दृष्टि अचूक रही है। ज्ञानपीठ ने अनेक रचनाकारों की पहली-पहली पुस्तकें प्रकाशित कीं और कालान्तर में ये रचनाकार अपने-अपने क्षेत्र के यशस्वी हस्ताक्षर सिद्ध हुए। मोहन राकेश ऐसे ही विलक्षण रचनाकारों में से एक हैं। कहानीकार, उपन्यासकार, नाटककार, निबन्धकार आदि रूपों में मोहन राकेश ने नये प्रस्थान निर्मित किए हैं। मोहन राकेश की परवर्ती पीढ़ियों पर उनका प्रभाव यह सिद्ध करने के लिए पर्याप्त है कि मोहन राकेश जैसे लेखक पर 'कालातीत' विशेषण शत-प्रतिशत खरा उतरता है। जो रचनाकार अपने समय और समाज को 'यथासम्भव समग्रता' में देखता और चित्रित करता है, उसका लेखन आने वाले समयों के लिए भी सार्थक बना रहता है। मोहन राकेश ने विराट मानवीय नियति के विस्तार में जाकर जीवन की इकाइयों का मूल्यांकन किया है। व्यक्ति और समाज के जाने कितने संवाद और विसंवाद उनकी रचनाओं में प्राप्त होते हैं। 'अस्मिता-विमर्श' के इस युग में मोहन राकेश की अनेक रचनाएँ व्यक्ति की अस्मिता का संवेदनात्मक परीक्षण करती हैं।

'आख़िरी चट्टान तक' मोहन राकेश का यात्रावृत्तान्त है, जो भारतीय ज्ञानपीठ से प्रकाशित हुआ था। इस उत्कृष्ट यात्रावृत्तान्त का पुनर्नवा संस्करण प्रकाशित करते हुए हमें अत्यन्त प्रसन्नता है। विश्वास है स्तरीय साहित्य के अनुरागी पाठक और विशेषकर मोहन राकेश के प्रशंसक इस पुनर्नवा संस्करण का हृदय से स्वागत करेंगे।

अप्रैल 2009

**रवीन्द्र कालिया**
(निदेशक, भारतीय ज्ञानपीठ)

गोआ से कन्याकुमारी तक की यह यात्रा दिसम्बर सन् बावन और फ़रवरी सन् तिरपन के बीच की गयी थी। यात्रा से लौटते ही मैंने यह पुस्तक लिख डाली थी। उन दिनों हर चीज़ की छाप मन पर ताज़ा थी। पूरे अनुभव को लेकर मन में एक उत्साह भी था। इसलिए कहीं-कहीं अतिरिक्त भावुकता से अपने को नहीं बचा सका था। इस बार नये संस्करण के लिए पुस्तक को दोहराते समय पहले सोचा था कि मुद्रण की भूलों को ठीक करने के अतिरिक्त और इसमें कुछ नहीं करूँगा। परन्तु समय के अन्तराल ने जहाँ प्रभावों को कुछ धुँधला दिया है, वहाँ मन में उनके प्रति एक तटस्थता भी ला दी है। इसलिए कुछ जगह थोड़ा-बहुत परिवर्तन अनायास ही हो गया है। पुस्तक का कुछ अंश मैंने फिर से लिखा है। शेष में भाषा को जहाँ-तहाँ से छू दिया है। फिर भी मूलतः किसी तरह का परिवर्तन इसमें नहीं हुआ। वह न तो उचित ही था, न अपेक्षित ही।

पहले संस्करण में ही कुछ जगह व्यक्तियों के नाम मैंने बदल दिये थे। जहाँ सम्भव था, वहाँ नाम नहीं बदले। भास्कर कुरुप उस व्यक्ति का वास्तविक नाम है। श्रीधरन् एक बदला हुआ नाम।

—मोहन राकेश

(द्वितीय संस्करण की भूमिका से)

आर-522, न्यू राजेन्द्र नगर,
नयी दिल्ली-5

रास्ते के दोस्तों को—

पश्चिमी समुद्र-तट
के साथ-साथ
एक
यात्रा

# अनुक्रम

# आख़िरी चट्टान तक

## वांडर लस्ट

खुला समुद्र-तट। दूर-दूर तक फैली रेत। रेत में से उभरी बड़ी-बड़ी स्याह चट्टानें। पीछे की तरफ़ एक टूटी-फूटी सराय। ख़ामोश रात और एकटक उस विस्तार को ताकती एक लालटेन की मटियाली रोशनी...।

सब-कुछ ख़ामोश है। लहरों की आवाज़ के सिवा कोई आवाज़ सुनाई नहीं देती। मैं सराय के अहाते में बैठा समुद्र के क्षितिज को देख रहा हूँ। लहरें जहाँ तक बढ़ आती हैं, वहाँ झाग से एक लकीर खिंच जाती है। मेरे सामने एक बुड्ढा बैठा है। उसके चेहरे पर भी न जाने कितनी-कितनी लकीरें हैं। उसकी आँखों में भी कोई चीज़ बार-बार उमड़ आती है और लौट जाती है। हम दोनों के बीच में एक लम्बी पुरानी मेज़ है जो कुहनी का ज़रा-सा बोझ पड़ते ही चरमरा उठती है। बुड्ढे के सामने एक पुराना अख़बार फैला है। मेरे सामने चाय की प्याली रखी है। सहसा वातावरण में एक खिलखिलाहट फूट पड़ती है। एक सोलह-सत्रह साल की लड़की पास की कोठरी से आकर बुड्ढे के गले में बाँहें डाल देती है। बुड्ढा उसकी तरफ़ ध्यान न देकर उसी तरह अख़बार की पुरानी सुर्खियों में खोया रहता है। मैं चाय की प्याली उठाता हूँ और रख देता हूँ। लहरों का फेन आगे तक आकर रेत पर एक और लकीर खींच जाता है...।

एक पहाड़ी मैदान। धान और मक्की के खेतों से कुछ हटकर लकड़ी और फूस की

एक झोंपड़ी। वातावरण में ताज़ा कटी लकड़ी की गन्ध। ढलती धूप और झोंपड़ी की खिड़की से बाहर झाँकती साँझ...।

बेंत की टूटी कुर्सी पर बैठकर खिड़की से बाहर देखते हुए दूर तक वीरान पगडंडियाँ नज़र आती हैं। उन पर कहीं कोई एकाध ही व्यक्ति चलता दिखाई देता है। खिड़की के बाहर साँझ उतर आने पर झोंपड़ी में रात घिर आती है। मैं खिड़की से हटकर अपने आसपास नज़र दौड़ाता हूँ। फ़र्श पर, मेज़ पर और चारपाई पर काग़ज़-ही-काग़ज़ बिखरे हैं जिन्हें देखकर मन उदास हो जाता है। अपना-आप बहुत अकेला और भारी महसूस होता है। लकड़ी की गन्ध से ऊब होने लगती है। साथ की झोंपड़ी से आती धुएँ की गन्ध अच्छी लगती है। मैं फिर खिड़की के पास जा खड़ा होता हूँ। पगडंडियाँ अब बिल्कुल सुनसान हैं और धीरे-धीरे अँधेरे में डूबती जा रही हैं। एक पक्षी पंख फड़फड़ाता खिड़की के पास से निकल जाता है...।

•

कच्चे रास्ते की ढलान। एक मोड़ पर अचानक क़दम रुक जाते हैं। नीचे, बहुत नीचे, दरिया की घाटी है। ज़हरमोहरा रंग का पानी सारस के पंखों की तरह एक द्वीप के दोनों ओर शाखाएँ फैलाये है। सारस की गर्दन दूर चीड़ के वृक्षों में जाकर खो गयी है...।

ढलान से घाटी की तरफ़ झुके एक पेड़ के नीचे से दो आँखें सहसा मेरी तरफ़ देखती हैं। उन आँखों में सारस का विस्मय है और दरिया की उमंग। साथ एक चमक है जो कि उनकी अपनी है।

"यह रास्ता कहाँ जाता है?" मैं पूछता हूँ।

लड़की अपनी जगह से उठ खड़ी होती है। उसके शरीर में कहीं ख़म नहीं है। साँचे में ढले अंग—एक सीधी रेखा और कुछ गोलाइयाँ। आँखों में कोई झिझक या संकोच नहीं।

"तुम्हें कहाँ जाना है?" वह पूछती है।

"यह रास्ता जहाँ भी ले जाता हो...।"

वह हँस पड़ती है। उसकी हँसी में भी कोई गाँठ नहीं है। पेड़ इस तरह बाँहें हिलाता है, जैसे पूरे वातावरण को उनमें समेट लेना चाहता हो। एक पत्ता झड़कर चक्कर काटता नीचे उतर आता है।

"यह रास्ता हमारे गाँव को जाता है," लड़की कहती है। सूर्यास्त के कई-कई रंग उसके हँसिये में चमक जाते हैं।

"तुम्हारा गाँव कहाँ है?"

''उधर नीचे।'' वह जिधर इशारा करती है, उधर केवल पेड़ों का झुरमुट है—वही जिसमें सारस ने अपनी गर्दन छिपा रखी है।

''उधर तो कोई गाँव नहीं है।''

''है। वहाँ, उन पेड़ों के पीछे...।''

वह क्षण-भर खड़ी रहती है—देवदार के तने की तरह सीधी। फिर ढलान से उतरने लगती है। मैं भी उसके पीछे-पीछे उतरने लगता हूँ। साँझ होने के साथ दरिया का ज़हरमोहरा रंग धीरे-धीरे बैंजनी होता जाता है। वृक्षों के साये लम्बे होकर अदृश्य होते जाते हैं। फिर भी दूर तक कहीं कोई छत, कोई दीवार नज़र नहीं आती...।

कच्ची ईंटों का बना एक पुराना घर। घर में एक बुड्ढा और बुढ़िया रहते हैं। दोनों मिलकर मुझे अपने जीवन की बीती घटनाएँ सुनाते हैं। बीच-बीच में छत से एकाध तिनका नीचे गिर आता है। बुड्ढा बुढ़िया की बात काटता है कि उसे वह घटना ठीक से याद नहीं है। बुढ़िया बुड्ढे पर झुँझलाती है कि वह क्यों उसे बार-बार बीच में टोक देता है। जब उनमें से एक की बात लम्बी होने लगती है, तो दूसरे को ऊँघ आ जाती है। हवा हलके से किवाड़ खोल देती है। बाहर आग जल रही है। उसके पास बैठे कुछ व्यक्ति ज़ोर-ज़ोर से चिल्ला रहे हैं और क़समें खा रहे हैं। क्षण-भर के लिए उनकी आवाज़ें रुकती हैं, तो जंगल में दूर तक घास के सरसराने की आवाज़ सुनाई दे जाती है। तभी हवा किवाड़ बन्द कर जाती है। मेरा मन जंगल से लौटकर फिर उस घर के अतीत में भटकने लगता है।...

जब कभी मैं यात्रा पर निकलने की बात सोचता हूँ, तो ये और ऐसे कई-कई चित्र अनायास मन में उभरने लगते हैं। सम्भव है कि ये बहुत पहले पढ़ी यात्रा-पुस्तकों के किन्हीं ऐसे अंशों की छाप हों जिन्हें वैसे मैं भूल चुका हूँ। पर सोचता हूँ कि अपने अन्दर से बार-बार ऐसे चित्रों को खोज लाना, मन की यह भटकन क्या है? एक बार किसी ने इसे नाम दिया था—वांडर लस्ट। यह मेरी अपनी सीमा है कि मुझे चाहकर भी इसके लिए हिन्दी का शब्द नहीं मिल रहा। यायावर वृत्ति? परन्तु वृत्ति लस्ट तो नहीं है। और वास्तव में यह भटकन क्या लस्ट ही है?

# दिशाहीन दिशा

घर में चलते समय मन में यात्रा की कोई बनी हुई रूप-रेखा नहीं थी। बस एक अस्थिरता ही थी जो मुझे अन्दर से धकेल रही थी। समुद्र-तट के प्रति मन में एक ऐसा आकर्षण था कि मेरी यात्रा की कल्पना में समुद्र का विस्तार अनायास ही आ जाता था। बहुत बार सोचा था कि कभी समुद्र-तट के साथ-साथ एक लम्बी यात्रा करूँगा, परन्तु यात्रा के लिए समय और साधन साथ-साथ मेरे पास कभी नहीं रहते थे। उन दिनों नौकरी छोड़ दी थी और पास में कुछ पैसे भी थे। इसलिए मैंने तुरन्त चल देने का निश्चय कर लिया। पहले सोचा कि सीधे कन्याकुमारी चला जाऊँ और वहाँ से रेल, मोटर या नाव, जहाँ जो मिले, उसमें पश्चिमी समुद्र-तट के साथ-साथ गोआ या बम्बई तक की यात्रा करूँ। रास्ते में जहाँ मन हुआ, वहीं कुछ दिन रह जाऊँगा। शिमला में हमारे स्कूल में कई लोग दक्षिण भारत के थे। उनमें से एक ने कहा था कि रहने के लिए कनानोर (कण्णूर— बहुत अच्छी जगह है। एक और का कहना था कि मैं एक बार कोइलून पहुँच जाऊँ, तो वहाँ से और कहीं जाने को मेरा मन नहीं होगा। दिल्ली में एक मित्र ने कहा था कि पश्चिमी समुद्र-तट पर पंज़िम (गोआ) से सुन्दर दूसरी जगह नहीं है। वहाँ खुला समुद्र-तट है, एक आदिम स्पर्श लिए प्राकृतिक रमणीयता है और सबसे बड़ी बात यह है कि जीवन बहुत सस्ता है—रहने-खाने की हर सुविधा वहाँ बहुत थोड़े पैसों में प्राप्त हो सकती है। मेरे लिए सभी जगहें अपरिचित थीं, इसलिए मुझे सभी में आकर्षण लग रहा था। कोचिन, कण्णूर, मंगलूर, गोआ। अलेप्पी के बैक वाटर्ज़ और नीलगिरि की पहाड़ियाँ। सबके प्रति मेरे मन में एक-सी आत्मीयता जागती थी। जैसे कि मेरा उन सब स्थानों से कभी का घनिष्ठ सम्बन्ध रहा हो। सबसे अधिक आत्मीयता कन्याकुमारी के तट को लेकर महसूस होती थी। परन्तु एक घने शहर की छोटी-सी तंग गली में पैदा हुए व्यक्ति के लिए उस विस्तार के प्रति ऐसी आत्मीयता का अनुभव करने का आधार क्या हो सकता था? केवल विपरीत का आकर्षण?

घर से चलते समय कुछ निश्चय नहीं था कि कब, कहाँ, कितने दिन रहूँगा। हाँ, चलने तक इतना निश्चय कर लिया था कि पहले सीधे कन्याकुमारी न जाकर बम्बई होता हुआ गोआ चला जाऊँगा और वहाँ से कन्याकुमारी की ओर यात्रा प्रारम्भ करूँगा। यह इसलिए चाहता था कि मेरी यात्रा का अन्तिम पड़ाव कन्याकुमारी हो...।

# अब्दुल जब्बार पठान

दिसम्बर सन् बावन की पचीस तारीख़। थर्ड क्लास के डिब्बे में ऊपर की सीट बिस्तर बिछाने को मिल जाए, वह बड़ी बात होती है। मुझे ऊपर की सीट मिल गयी थी। सोच रहा था कि अब बम्बई तक की यात्रा में कोई असुविधा नहीं होगी। रात को ठीक से सो सकूँगा। मगर रात आयी, तो मैं वहाँ सोने की जगह भोपाल ताल की एक नाव में लेटा बूढ़े मल्लाह अब्दल जब्बार से ग़ज़लें सुन रहा था।

भोपाल स्टेशन पर मेरा मित्र अविनाश, जो वहाँ से निकलने वाले एक हिन्दी दैनिक का सम्पादन करता था, मुझसे मिलने के लिए आया था। मगर बात करने की जगह उसने मेरा बिस्तर लपेटकर खिड़की से बाहर फेंक दिया, और ख़ुद मेरा सूटकेस लिये हुए नीचे उतर गया। इस तरह मुझे एक रात के लिए वहाँ रह जाना पड़ा।

रात को ग्यारह के बाद हम लोग घूमने निकले। घूमते हुए भोपाल ताल के पास पहुँचे, तो मन हो आया कि नाव लेकर कुछ देर झील की सैर की जाए। नाव ठीक की गयी और कुछ ही देर में हम झील के उस भाग में पहुँच गये जहाँ से चारों ओर के किनारे दूर नज़र आते थे। वहाँ आकर अविनाश के मन में न जाने क्या भावुकता जाग आयी कि उसने एक नज़र पानी पर डाली, एक दूर के किनारों पर, और पूर्णता चाहने वाले कलाकार की तरह कहा कि कितना अच्छा होता अगर इस वक़्त हममें से कोई कुछ गा सकता।

"मैं गा तो नहीं सकता, हुज़ूर" बूढ़ा मल्लाह हाथ रोककर बोला। "मगर आप चाहें, तो चन्द ग़ज़लें तरन्नुम के साथ अर्ज़ कर सकता हूँ—और माशाल्लाह चुस्त ग़ज़लें हैं।"

"ज़रूर ज़रूर!" हमने उत्साह के साथ उसके प्रस्ताव का स्वागत किया। बूढ़े मल्लाह ने एक ग़ज़ल छेड़ दी। उसका गला काफ़ी अच्छा था और सुनाने का अन्दाज़ भी शायराना था। काफ़ी देर चप्पुओं को छोड़े वह झूम-झूमकर ग़ज़लें सुनाता रहा। एक के बाद दूसरी, फिर तीसरी। मैं नाव में लेटा उसकी तरफ़ देख रहा था। उस सर्दी में भी वह सिर्फ़ एक तहमद लगाए था। गले में बनियान तक नहीं थी। उसकी दाढ़ी के ही नहीं, छाती के भी बाल सफ़ेद हो चुके थे। मगर जब वह चप्पू चलाने लगता, तो उसकी मांसपेशियाँ इस तरह हिलतीं जैसे उनमें फ़ौलाद भरा हो।

तीसरी ग़ज़ल सुनाकर वह ख़ामोश हो गया। उसके ख़ामोश हो जाने से सारा वातावरण ही बदल गया। रात, सर्दी और नाव का हिलना, इन सबका अनुभव पहले नहीं हो रहा था, अब होने लगा। झील का विस्तार भी जैसे उतनी देर के लिए सिमट गया था, अब खुल गया।

"अब लौट चलें साहब," कुछ देर बाद उसने कहा। "सर्दी बढ़ रही है और मैं अपनी चादर साथ नहीं लाया।"

अविनाश ने झट से अपना कोट उतारकर उसकी तरफ़ बढ़ा दिया। कहा, "लो, तुम यह पहन लो। अभी हम लौटकर नहीं चलेंगे। तुम्हें कोई ग़ालिब की चीज़ याद हो, तो यह सुनाओ।"

बूढ़े मल्लाह ने एतराज़ नहीं किया। चुपचाप अविनाश का कोट पहन लिया और ग़ालिब की एक ग़ज़ल सुनाने लगा। "मुद्दत हुई है यार को मेहमाँ किये हुए...।"

हम लोग उसे 'बड़े मियाँ' कहकर बुला रहे थे। उसने ग़ज़ल पूरी कर ली, तो मैंने उससे उसका नाम पूछा।

"मेरा नाम है साहब, अब्दुल जब्बार पठान," उसने कहा। 'पठान' शब्द पर उसने ख़ास ज़ोर दिया।

"मियाँ अब्दुल जब्बार, तुमने बहुत अच्छी चीज़ें याद कर रखी हैं," मैंने कहा। "और इससे भी बड़ी बात यह है कि इस उम्र में भी तुम इतने रंगीनमिज़ाज हो...।"

"मर्दज़ाद हूँ साहब," वह बोला। "तबीयत की रंगीनी तो ख़ुदा ने मर्दज़ाद को ही बख़्शी है। जिसे यह चीज़ हासिल नहीं, वह समझ लीजिए कि मर्दज़ाद ही नहीं।"

"इसमें क्या शक है!" अविनाश हँसकर बोला। अपनी उम्र में तो काफ़ी गुलछर्रे उड़ाए होंगे तुमने।"

अब्दुल जब्बार मुस्कराया। सफ़ेद मूँछों के नीचे उसके होठों पर आयी मुस्कराहट में रसिकता भर आयी। "उम्र तो हुज़ूर बन्दे की अज़्ल के रोज़ तक रहती है," वह बोला। "मगर हाँ, जवानी की बहार जवानी के साथ थी। बहुत ऐश की,बेवक़ूफ़ियाँ भी बहुत थीं। मगर कोई अफ़सोस नहीं है। वो दिन फिर से मिलें, तो वही बेवक़ूफ़ियाँ नये सिरे से की जाएँगी, और फिर भी कोई अफ़सोस नहीं होगा।"

"मतलब वैसे अब उस तरह की बेवक़ूफ़ियों की नौबत नहीं आती?" अविनाश ने पूछ लिया।

"अब हुज़ूर? हिम्मत में किसी मर्दज़ाद से कम अब भी नहीं हूँ। कहिए जिस ख़बीस का ख़ून कर दूँ। मगर जहाँ तक नफ़्स का सवाल है, उसकी मैं तौबा करता हूँ।...अच्छा, कुछ देर ख़ामोश रहकर ज़रा एक चीज़ सुनिए...।"

मैंने समझा था कि वह कोई सूफ़ियाना क़लाम सुनाने जा रहा है। मगर वह बिना एक शब्द कहे चुपचाप नाव चलाता रहा। गहरी ख़ामोशी थी। चप्पुओं के पानी

में पड़ने के सिवा कोई आवाज़ नहीं सुनाई दे रही थी। हम लोग उत्सुकता के साथ उसकी तरफ़ देखते रहे। वह मुस्करा रहा था। मगर अब उसकी मुस्कराहट में पहले की-सी रसिकता नहीं, एक संज़ीदगी थी। ''सुन रहे हैं?'' उसने कहा।

मेरी समझ में नहीं आया कि वह क्या सुनने को कह रहा है। ''क्या चीज़?'' मैंने पूछ लिया।

''यह आवाज़,'' वह बोला। रात की ख़ामोशी में चप्पुओं के पानी में पड़ने की आवाज़। शायद आपके लिए इसमें कोई ख़ास मतलब नहीं है। पहले मुझे भी इसमें कुछ ख़ास नहीं लगता था। मगर तीन साल हुए एक रात में अकेला इस झील को पार कर रहा था। ऐसी ही रात थी, ऐसा ही अँधेरा था, और ऐसा ही ख़ामोश समाँ था। जब मैं झील के बीचोंबीच पहुँचा, तो यह आवाज़ उस वक़्त मुझे कुछ और-सी लगने लगी। हर बार जब यह आवाज़ होती, तो मेरे ज़िस्म में एक सनसनी-सी दौड़ जाती। मुझे लगता जैसे कोई चीज़ हलके-हलके मेरी रूह को थपथपा रही हो। फिर मुझे महसूस होने लगा कि वह चप्पुओं के पानी में पड़ने की आवाज़ नहीं, एक हल्की-हल्की ख़ुदाई आहट है। मुझे उस वक़्त लगा कि मैं ख़ुदा के बहुत नज़दीक हूँ। मैंने दिल-ही-दिल सज्दा किया और आइन्दा के लिए गुनाहों से तौबा की क़सम खायी। उसके बाद से जब कभी मैं रात के वक़्त नाव लेकर झील में आता हूँ, तो मुझे यह आवाज़ फिर वैसी ही लगने लगती है। तब मैं अपनी उस तौबा को याद करता हूँ और अल्लाह का शुक्र मनाता हूँ कि उसने मुझे इस तरह तौबा का मौक़ा बख़्शा। फिर मैं नये सिरे से तौबा का अहद करता हूँ और अल्लाह से उसकी मेहर के लिए फ़रियाद करता हूँ।''

वह ख़ामोश हो गया। सिर्फ़ पानी से चप्पुओं के टकराने का शब्द सुनाई देता रहा। मैं बायीं करवट होकर हाथ की उँगली से पानी में उठती लहरों को छूने लगा। एक तीखी ठंडी चुभन नसों को बींधती सारे शरीर में फैल गयी। तभी मुझे उसकी कही ख़ून करने की बात याद हो आयी। एक तरफ़ वह सब गुनाहों से तौबा का अहद किए था और दूसरी तरफ़ किसी भी इन्सान का ख़ून कर देने को तैयार था।

''मियाँ अब्दुल जब्बार,'' मैंने सीधे उसकी तरफ़ देखते हुए पूछा,'' इन्सान का ख़ून करने को तुम गुनाह नहीं समझते?''

''हुज़ूर, मैं पठान हूँ,'' मैंने सीधे उसकी तरफ़ देखते हुए पूछा, ''इन्सान का ख़ून करने को तुम गुनाह नहीं समझते?''

''हुज़ूर, मैं पठान हूँ,'' वह हाथ रोककर बोला। ''मेरी निगाह में गुनाह का ताल्लुक़ इन्सान की रूह के साथ है, जान के साथ नहीं। मैं किसी की इज़्ज़त लूटता हूँ, किसी को ज़लील करता हूँ, किसी की चोरी करता हूँ, तो उसकी रूह को सदमा पहुँचाता हूँ। यह गुनाह है। मगर मैं किसी ख़बीस की जान लेता हूँ, तो एक नापाक

रूह को जिस्म की क़ैद से आज़ाद करता हूँ। यह गुनाह नहीं है।''

मैं मन-ही-मन मुस्करया और पानी तरफ़ देखने लगा। चप्पुओं से बनती लहरों के साँप लचकते हुए एक-दूसरे में विलीन होते जा रहे थे। मेरी एक उँगली फिर पानी की सतह को छूने लगी।

''तो कम-से-कम तफ़्स के लिहाज़ से अब तुम बिल्कुल पाक ज़िन्दगी बिता रहे हो?'' मैंने पूछा।

''क़सम खाकर तो नहीं कह सकता हुज़ूर,'' अब्दुल जब्बार संजीदगी छोड़कर फिर अपनी रसिकता में लौट आया। ''यार लोगों की मजलिस में शरकत की दावत हो, तो इन्कार भी नहीं किया जाता। वैसे दमख़म आपकी दुआ से अब भी इतना है कि...।'' और जिन मार्के के शब्दों में उसने अपने पुरुषत्व की घोषणा की, उन्हें मैं ज़िन्दगी-भर नहीं भूल सकता।

सर्दी बढ़ रही थी। ''तो हुज़ूर अब नाव को किनारे की तरफ़ ले चलूँ, काफ़ी वक़्त हो गया है,'' उसने कुछ देर चुप रहने के बाद कहा। हमने अब उससे और कोई चीज़ सुनाने का अनुरोध नहीं किया। नाव धीरे-धीरे किनारे की तरफ़ बढ़ने लगी।

किनारे पर पहुँचकर जब हम चलने को हुए, तो अब्दुल जब्बार ने कहा, ''आज शाम को कुछ मछलियाँ पकड़ी हैं। दो-एक सौग़ात के तौर पर लेते जाइए।''

मगर अविनाश वहाँ होटल में खाना खाता था और मैं उसी का मेहमान था, इसलिए मछलियों का हमारे लिए कोई उपयोग नहीं था। हमने उसे धन्यवाद दिया और वहाँ से चले आये।

## नया आरम्भ

मेरे साथ अक्सर ऐसा होता है—कम-से-कम मुझे यह लगता तो है ही—कि बस या ट्रेन में मैं जिस खिड़की के पास बैठता हूँ, धूप उसी खिड़की से होकर आती है। इस दिशा में पहले से सावधानी बरतने का कोई फल नहीं होता क्योंकि सड़क या पटरी का रुख़ कुछ इस तरह से बदल जाता है कि धूप जहाँ पहले होती है, वहाँ से हटकर मेरे ऊपर आने लगती है। फिर भी मुझसे यह नहीं होता कि खिड़की के पास न बैठा करूँ। गति का अनुभव खिड़की के पास बैठकर ही होता है। बीच में बैठकर तो यूँ लगता है जैसे गतिहीन केवल हिचकोले खाये जा रहे हैं...।

भोपाल से मैं अमृतसर एक्सप्रेस में बैठ गया था। कोशिश करके जगह भी बना ली थी। मगर धूप सीधी आकर मेरे चेहरे पर पड़ रही थी। मेरे हाथों में एक पुस्तक थी जिसे मैं बहुत देर से खोले था मगर पढ़ नहीं पा रहा था। कभी दो-एक पंक्तियाँ पढ़ लेता और फिर धूप से बचने के लिए उससे ओट करके खिड़की से बाहर देखने लगता। मेरे सामने की सीट पर बैठा एक लड़का यह देखकर मुस्करा रहा था कि मैं धूप से बचना भी चाहता हूँ और खिड़की के बाहर देखना भी चाहता हूँ। उसने अपनी जगह से थोड़ा सरकते हुए मुझसे कहा, ''इधर आ जाइए। इधर धूप नहीं है।''

मैं उठकर उसके पास जा बैठा और खिड़की से बाहर देखने लगा। कुछ देर बाद किसी ने मुझे कन्धे से पकड़कर हिलाया तो मैं चौंक गया। टिकट इंस्पेक्टर टिकट देखने के लिए खड़ा था। मैंने टिकट निकालकर उसे दिखा दिया। टिकट इंस्पेक्टर ने तब साथ बैठे उस लड़के की तरफ़ हाथ बढ़ाया। लड़के ने जेब से एक बड़ा-सा रूमाल निकाला। उसमें एक टिकट और कुछ आने पैसे थे। टिकट इंस्पेक्टर ने उसका टिकट लेकर ध्यान से देखा और पूछा, ''कहाँ से बैठे हो?''

''बीना से,'' लड़के ने कहा।

''मगर तुम्हारा टिकट तो बीना से भोपाल तक का है।'' और उसने बताया कि एक तो भोपाल पीछे रह गया है, दूसरे बीना से भोपाल तक भी उस गाड़ी में थर्ड क्लास में सफ़र नहीं किया जा सकता। ''तुम्हें पता नहीं था कि यह लम्बे सफ़र की गाड़ी है?''

''जी, मैं लम्बे सफ़र के लिए ही इसमें बैठा हूँ।'' लड़के ने कहा, ''मैं बम्बई जा रहा हूँ।''

लड़के की इस बात से आसपास बैठे सब लोग हँस दिये। इंस्पेक्टर भी हँस दिया। बोला, ''फिर तुमने टिकट बम्बई तक का क्यों नहीं लिया?''

लड़के की बड़ी-बड़ी आँखें कुछ सहम गयीं। ''जो मेरे पास जितने पैसे थे, उनसे यही टिकट आता था'', उसने कहा। इंस्पेक्टर क्षण-भर अनिश्चित दृष्टि से उसे देखता रहा। फिर जैसे उसे भूलकर दूसरों के टिकट देखने लगा।

मैं भी पल-भर ध्यान से लड़के की तरफ़ देखता रहा। गोरा रंग और दुबला-पतला शरीर। खाल बहुत पतली, क्योंकि चेहरे की हरी नाड़ियाँ बाहर दिखाई दे रही थीं। उम्र ग्यारह-बारह साल से ज़्यादा नहीं लगती थी, हालाँकि वह एक वयस्क की तरह गम्भीर होकर बैठा था। उसकी हैंडलूम की हरी कमीज़ और भूरा पाजामा दोनों ही अब बदरंग हो रहे थे। चेहरे के दुबलेपन को देखते हुए उसकी आँखें और कान बहुत बड़े लगते थे। आँखों के नीचे, जो वैसे सुन्दर थीं, स्याह गड्ढे पड़ रहे थे।

''तुम्हारा घर बम्बई में है?'' मैंने उससे पूछा।

''जी, मेरी मौसी वहाँ रहती है,'' उसने कहा।

''बीना में तुम किसके पास थे?''

वहाँ मैं नौकरी करता था। अब नौकरी छोड़कर मौसी के पास जा रहा हूँ?''

''तुम्हारे माता-पिता... ?''

''वे दंगे के दिनों में मारे गये थे।''

मैं पल-भर चुप रहा। फिर मैंने पूछा, ''बम्बई में मौसी से मिलने जा रहे हो?''

''जी नहीं। अब मैं वहाँ मौसी के पास ही रहूँगा। मौसी ने मुझे चिट्ठी लिखकर बुलाया है। मेरे मौसा गुज़र गये हैं और पीछे चार-पाँच साल के दो बच्चे हैं। घर में अब कमाने वाला कोई नहीं है। मैं तो यहाँ भी नौकरी करता था, वहाँ भी कर लूँगा। रोटी और पन्द्रह रुपये मिल जाएँगे। अपने लिए तो मुझे रोटी ही चाहिए। रुपये मौसी को दे दिया करूँगा। पास रहूँगा तो बच्चों की देखभाल भी हो जाएगी।''

मैं फिर कुछ देर उसके चेहरे की नीली धारियों को देखता रहा। ''तुम्हें वहाँ जाते ही नौकरी मिल जाएगी?'' मैंने पूछा।

''जब तक नौकरी नहीं मिलेगी तब तक कोई और काम कर लूँगा।'' उसने कहा।

''तुम और क्या काम कर सकते हो?''

''बोझ उठा सकता हूँ।''

मेरे होठों पर एक खुश्क-सी मुस्कराहट आ गयी। वह अपनी दुबली-पतली बाँहों से हल्का-सा भी बोझ उठा सकता है, उसकी कल्पना नहीं की जा सकती थी।

''तुम कितना बोझ उठा सकते हो?'' मैंने पूछा।

''जी, बड़ा तो नहीं, मगर छोटा-मोटा सामान तो उठा ही सकता हूँ। मैं उम्र में उतना छोटा नहीं हूँ जितना देखने में लगता हूँ।''

''क्या उम्र है तुम्हारी?''

''सोलह साल।''

''सोलह साल? तुम्हें ठीक पता है तुम्हारी उम्र सोलह साल है?''

लड़के ने गम्भीर भाव से सिर हिलाया। ''जी, पार्टीशन से पहले मैं पत्तोकी में पाँचवीं जमात में पढ़ता था।''

और वह बताने लगा कि किस तरह वह पाकिस्तान से बचकर आया था। जब उनके घर पर हमला हआ, तो उसके माता-पिता ने उसे आटे के ड्रम में छिपा दिया था। उसकी ख़ुशक़िस्मती थी कि हमलावरों ने ड्रम का ढँकना उठाकर नहीं देखा।

वहाँ से बचकर वह किसी तरह एक क़ाफ़िले के साथ जा मिला और हिन्दुस्तान पहुँच गया। तीन साल वह शरणार्थी कैम्पों में रहा। फिर उसे यह नौकरी मिल गयी। वे लोग उसे अपने साथ बीना ले आये। पर उसे वे हर महीने ठीक से तनख़्वाह नहीं देते थे। कभी कह देते कि उसकी तनख़्वाह कपड़ों में कट गयी है, और कभी कि जो चीज़ें उसने तोड़ी हैं, उनकी क़ीमत उसकी तनख़्वाह से कहीं ज़्यादा है। कभी कह देते कि उन्होंने उसके नाम से लाटरी डाल दी है, जिसमें हो सकता है उसका एक लाख रुपया निकल आये। नौकरी छोड़ने पर उन्होंने उसका पूरा हिसाब करके उसे कुल चार रुपये दिये थे।

"तुम इससे पहले अपनी मौसी के पास क्यों नहीं चले गये?" मैंने पूछा।

"पहले मुझे उन लोगों का पता नहीं मालूम था," वह बोला। "बीना में एक बार अपने वतन का एक आदमी मिल गया, तो उसने बताया कि वे लोग बम्बई में चेम्बूर कैम्प में हैं। मैंने उन्हें चिट्ठी लिखी कि वे कहें तो मैं उनके पास बम्बई आ जाऊँ। पर तब मौसा ने लिखा था कि मुझे लगी हुई नौकरी छोड़नी नहीं चाहिए। वे मौक़ा देखेंगे, तो अपने-आप मुझे बुला लेंगे।" फिर कुछ रुककर उसने पूछा, "जी, यह टी.टी. मुझे गाड़ी से उतार तो नहीं देगा?"

"नहीं, वह उतारेगा नहीं," मैंने कहा। "अगर उतारना चाहेगा, तो हम उससे बात कर लेंगे।"

"तो मैं ज़रा लेट जाऊँ," वह बोला। "लगता है मुझे बुख़ार हो रहा है।"

मैंने उसके शरीर को छूकर देखा। शरीर सचमुच गरम था। मैं अपनी पहली जगह पर चला गया, और वह वहाँ लेट गया।

गाड़ी होशंगाबाद स्टेशन पर रुकी, तो वह सो रहा था। बाहर देखते हुए मुझे साथ के डिब्बे में अपने एक प्रोफ़ेसर नज़र आ गये। मैं उतरकर उनके पास चला गया। वे कहीं से एक शिक्षा-सम्मेलन का सभापतित्व कर आये थे और अब किसी मीटिंग के सिलसिले में बम्बई जा रहे थे। पहले वे मुझे उस सम्मेलन के विषय में बताते रहे। फिर मुझसे मेरे बारे में पूछने लगे। फिर अपनी हाल की यूरोप-यात्रा का क़िस्सा सुनाने लगे। नतीजा यह हुआ कि गाड़ी चल दी और मैं उन्हीं के डिब्बे में बैठा रह गया।

इटारसी स्टेशन पर लौटकर अपने डिब्बे में आया, तो वहाँ भीड़ पहले से बहुत बढ़ चुकी थी। भीड़ में रास्ता बनाकर अपनी जगह पर पहुँचा, तो देखा कि वह लड़का सामने की सीट पर नहीं है। लोगों से पूछा, तो पता चला कि वह इटारसी तक आ ही नहीं पाया—टिकट इंस्पेक्टर ने उसे होशंगाबाद स्टेशन पर ही उतार दिया था।

# रंग-ओ-बू

बम्बई। विक्टोरिया टर्मिनस स्टेशन। स्टेशन पर उतरकर यह नहीं लगा कि दो साल बाद वहाँ आया हूँ। ऐसे लगा जैसे कि वहीं रहता हूँ, दादर से आया हूँ,रोज़ ही इस तरह आता हूँ और वहाँ की ज़िन्दगी से बुरी तरह ऊबा हुआ हूँ। स्टेशन पर ही बम्बई के जीवन की पूरी झलक दिखाई दे गयी—सूखे-मुरझाये चेहरे, बेहद जल्दबाज़ी और कोई खोयी हुई चीज़ ढूँढ़ने का-सा हताश भाव। वहाँ आकर पहला सवाल मन में यही आया कि वहाँ क्यों आया हूँ? एक चीज़ जिससे उलझन और बढ़ने लगी, वह थी मछली की गन्ध। विक्टोरिया टर्मिनस के सबर्बन भाग में इतनी मछलियाँ उतरी थीं (मतलब, टोकरियों में भरी वहाँ उतारी गयी थीं) कि मेन स्टेशन के चाय स्टाल पर चाय पीते हुए मुझे लगता रहा कि वह गन्ध मेरी चाय में से आ रही है। मैं चाय आधी भी नहीं पी सका।

बस में बैठा, तो वहाँ भी पास ही कहीं से वह गन्ध आ रही थी। कुछ आश्चर्य हुआ क्योंकि बसों में मछली की टोकरियाँ ले जाने की इजाज़त नहीं है। पर आश्चर्य की कोई बात नहीं थी। गन्ध मेरे साथ बैठी मत्स्यगन्धा नवयुवती के शरीर में से आ रही थी।

नहीं जानता कि बम्बई पहुँचते ही, सहसा मन वहाँ से चल देने को क्यों होने लगा। सोचकर आया था कि वहाँ आठ-दस दिन रुकूँगा,पुराने दोस्तों से मिलूँगा और फिर आगे की यात्रा पर चलूँगा। पर एक ही दोस्त से मिल लेने के बाद किसी दूसरे से मिलने जाने को मन नहीं हुआ। वह दोस्त, डी.पी., नैशनल स्टैंडर्ड में काम करता था। मैं उसके दफ़्तर में पहुँचा, तो मुझे देखकर उसके चेहरे पर वैसा ही भाव आया जैसा रोज़ दिखाई देनेवाले किसी चेहरे को देखकर आ सकता है। उसने सरसरी तौर पर मुझसे बैठने को कहा, बिना यह पूछे कि मैं कुछ पियूँगा या नहीं, नौकर से चाय लाने को कह दिया, और टेलीफ़ोन पर सट्टा बाज़ार के भाव पूछता रहा।

वहाँ भी जाने कहाँ से मछली की गन्ध आ रही थी। समझ में नहीं आया कि एक अख़बार के दफ़्तर में मछलियाँ कहाँ हो सकती हैं। जब डी.पी. ने टेलीफ़ोन का रिसीवर रखा, तो मैंने पहली बात उससे यही पूछी कि मछली की गन्ध कहाँ से आ रही है? उसने मेरे सवाल को ज़रा महत्त्व नहीं दिया और उसी तरह सरसरी तौर पर कहा कि मछली की गन्ध आ रही है, तो समुद्र में से ही आ रही होगी क्योंकि समुद्र बहुत पास है।

डी.पी. से मिलकर मुझे लगा कि मैंने बम्बई के सब लोगों से एक साथ मिल लिया है। उसके दफ़्तर से बाहर आया तो पूरी शाम मेरे पास ख़ाली थी—पर मैं और

किसी से मिलने नहीं गया। उसकी बजाय एक्वेरियम में जाकर मछलियाँ देखता रहा। शीशे के केसों में सैकड़ों तरह की मछलियाँ इठलाती-इतराती तैर रही थीं। मुझे उनके नाम याद नहीं—केवल रंगों और लचक की ही कुछ याद है। एक नर्तकी के शरीर से कहीं ज़्यादा लचकती डेढ़-डेढ़ दो-दो फ़ुट की चितकबरी मछलियाँ, अपने मुँह से निकले रेशमी डोरों के सहारे करतब करती-सी नाटे क़द की चौड़ी मछलियाँ, गिरोह बाँधकर एक दिशा से दूसरी दिशा में जाती नाख़ून-नाख़ून जितनी मछलियाँ और राम-नाम के उच्चारण की तरह मुँह खोलती और बन्द करती भगत मछलियाँ। मैं एक्वेरियम बन्द होने तक मछलियों और केंकड़ों को देखता वहीं घूमता रहा। पहले फूलों और तितलियों को देखकर ही सोचा करता था कि इतने-इतने रंगों की सृष्टि करनेवाली, शक्ति के पास कितनी सूक्ष्म सौन्दर्य-दृष्टि होगी। पर नाख़ून-नाख़ून-भर की मछलियों के शरीर में रंगों की योजना देखकर तो जैसे उस विषय में सोचने की शक्ति ही जाती रही...।

एक्वेरियम के दरवाज़े बन्द हो जाने के बाद आधी रात तक मैरीन ड्राइव के पुश्ते पर बैठा समुद्र की उफनती लहरों को देखता रहा। मन हो रहा था कि मैं भी उस समय मछलियों के साथ-साथ उन लहरों में बह सकूँ, इधर से उधर धकेला जा सकूँ और अपने चारों ओर पानी की उस शक्ति को महसूस कर सकूँ जिसका अनुमान चट्टानों पर होते हर आघात से हो रहा था। कितनी ही देर मैं वहाँ बैठा देखता रहा, और जब मैरीन ड्राइव बिल्कुल सुनसान हो गया, तो चुपचाप उठकर वहाँ से चला आया।

## पीछे की डोरियाँ

पच्छिमी घाट की छोटी-छोटी पहाड़ियाँ तेज़ी से निकलती जा रही थीं। जगह-जगह पहाड़ियों को मिलाते पुल आ जाते जिन्हें देखकर मन में एक पुलक का अनुभव होता। पूना एक्सप्रेस की खिड़की एक चौखटे की तरह थी जिसके पीछे का चित्र निरन्तर गतिशील था। गहराई एक तरफ़ से ऊपर को उठने लगती और पहाड़ी का रूप ले लेती। पहाड़ी एक तरफ़ से बैठने लगती और घाटी में बदल जाती। मिट्टी पानी को स्थान देकर हट जाती और पानी उभरी हुई चट्टानों के लिए स्थान छोड़ देता।

पहले सोचा था कि बम्बई से गोआ तक की यात्रा स्टीमर से करूँगा। पर

स्टीमर बम्बई से पहली तारीख़ को जाने को था और मैं वहाँ और एक दिन भी नहीं रुकना चाहता था। इसलिए सुबह ही पूना एक्सप्रेस पकड़ ली थी और उस समय खिड़की के पास बैठा दूर तक घाट के प्रदेश को देख रहा था। वह हरियाली निःसन्देह बहुत सुन्दर थी—आँखें उसमें बहुत रमती थीं। समतल पर हरियाली बहुत सपाट हो जाती है। ऊँचे पहाड़ों पर ऊँचाई उस पर छायी रहती है। पर यहाँ ज़मीन की हल्की-हल्की करवटों में हरियाली अपनी ही एक मस्ती में बिखरी थी...।

मेरे पास बैठा एक सिन्धी एक गुजराती से पूछ रहा था कि पूना में देखने की ख़ास-ख़ास जगहें कौन-सी हैं।

''ख़ास जगह कोई नहीं है; सब वैसी ही है जैसी बम्बई में है,'' गुजराती झुँझलाये स्वर में बोला।

''बड़ी देखो न,'' सिन्धी उसे समझाने लगा। ''हर शहर में अपनी कोई रौनक की जगँ होती है, कोई बड़ा मन्दिर होता है, कारख़ाना होता है। जैसे हमारे उधर कराची में...।''

''हाँ साहब, होता है,'' गुजराती इतने में ही उकता गया। ''सड़की होती है, डाकख़ाना होता है, चिड़ियाघर होता है। यह सभी कुछ पूना में है।''

''तो पूना में तो बड़ी अपनी तरह का होगा न,'' सिन्धी बोला। ''हमारे उधर कराची में भी सड़कें थीं, डाकख़ाना था, चिड़ियाघर था, मगर वह सब इधर जैसा तो नहीं था न...!'' फिर वह सबको सम्बोधित करके कहने लगा, ''क्यों जी, जब इन्सान और इन्सान एक-सा नहीं होता, एक भाई से दूसरा भाई मेल नहीं खाता, एक हाथ की पाँचों उँगलियाँ बराबर नहीं होतीं, तो फिर और चीज़ें एक-सी कैसे हो सकती हैं? दुनिया में कोई दो चीज़ें कभी एक-सी नहीं होतीं! हमारे उधर कराची में...।''

गुजराती उसके फ़लसफ़े से तंग आ गया था। वह उसकी बात बीच में काटता बोला, ''क्यों भाई साहब, कभी रेस खेलने जाते हो?''

''क्यों नहीं जाता वड़ी?'' सिन्धी बोला। ''बहुत बार जाता हूँ।''

''देखो, रेस में जो घोड़ा बम्बई में दौड़ता है, वही पूना में दौड़ता है। जो आदमी बम्बई में पैसा गँवाता है, वही पूना में भी गँवाता है।''

सिन्धी पल-भर सोचता रहा। फिर इस नतीजे पर पहुँचकर कि उसे उलझाने की कोशिश की जा रही है, बोला, ''हमने तो बड़ी पूना की रेस में कभी पैसा नहीं गँवाया। जो दो-तीन सौ गँवाया है, सब बम्बई में ही गँवाया है। या फिर हमारे उधर कराची में...।'' और वह कराची की रेसों के लम्बे-चौड़े विवरण देने लगा। गुजराती ने हारकर सिर खिड़की से बाहर निकाल लिया। मैं भी उधर से ध्यान हटाकर फिर

बाहर की हरियाली को देखने लगा।

## मनुष्य की एक जाति

पूना। थर्ड क्लास का वेटिंग हाल। इतना रास्ता आने में ही मन बहुत थक गया था। आसपस कोई भी चेहरा परिचित नहीं। अपना आप समुद्र में तैरते तिनके की तरह। गाड़ी के जाने में देर थी। काफ़ी देर इधर-उधर घूमता रहा। फिर निढाल-सा एक बेंच पर बैठ गया। बैठते ही जिन कुछ लोगों पर नज़र पड़ी, लगा कि वे उतने अपरिचित नहीं हैं। चेहरों के अलावा और सब-कुछ पहचाना हुआ था। रूखे हाथ-पैर, उलझे बाल, चीथड़े वस्त्र, खोयी-खोयी आँखें और रोयें-रोयें से झलकती शिथिलता। मैंने उन्हें पहले भी बहुत बार देखा था—रेलवे स्टेशनों पर, फुटपाथों पर और उजाड़ रास्तों पर पेड़ों के नीचे। उसी तरह बैठे और सामने देखते हुए। वे तीन व्यक्ति थे—एक पुरुष, दो स्त्रियाँ। स्त्रियों में एक युवा थी। पुरुष अपने डंडे पर पाँव फैलाये बैठा था। बड़ी स्त्री उकड़ूँ बैठी कुछ चबा रही थी। युवा स्त्री ख़ामोश आँखों से इधर-उधर देख रही थी। मराठा युवतियों की आँखों में जो एक उत्फुल्ल-सौम्य-मदिर भाव रहता है, वह उसकी आँखों में भी था। पर निराशा और शिथिलता ने उस भाव को ढँक लिया था। वह एक बोरे से सिर टिकाये थी। शरीर में कसाव था, पर बैठने के ढीले-ढाले ढंग से लगता था कि शरीर पर दिमाग़ का नियन्त्रण धीरे-धीरे कम होता जा रहा है। जिस तरह मैं उसकी आँखों में कुछ पढ़ने का प्रयत्न कर रहा था, उसी तरह वह भी मेरी आँखों में कुछ देख पाने का प्रयत्न कर रही थी। हम दोनों के बीच रेलवे का बोर्ड लगा था, जिस पर लिखा था—'मदद चाहिए?' बोर्ड के नीचे सहायक की कुर्सी रखी थी जिस पर कोई नहीं था।

## लाइटर, बीड़ी और दार्शनिकता

ज्यों-ज्यों शाम गहरी हो रही थी, वेटिंग हाल में भीड़ बढ़ती जा रही थी। भीड़ में ज़्यादातर गोआ जानेवाले ईसाई यात्री थे। गोआ में उन दिनों सेंट फ्रांसिस ज़ेवयर्स के

मृत शरीर का 'एक्सपोज़ीशन' चल रहा था और देश के विभिन्न भागों से बहुत बड़ीसंख्या में यात्री वहाँ जा रहे थे। टिकटघर की खिड़की खुलने के घंटा-भर पहले से ही लोग वहाँ जमा होने लगे थे। जिस समय मैं वहाँ पहुँचा, वहाँ दो क्यू साथ-साथ बन रहे थे। मैंने एक क्यू में सबसे पीछे खड़े गोआनी सज्जन से पूछा कि मार्मुगाव का टिकट लेने के लिए मुझे किस क्यू में खड़े होना चाहिए। उन्होंने बहुत शिष्टता के साथ मुस्कराकर कहा कि मुझे उनके पीछे खड़े हो जाना चाहिए।

खिड़की खुलने में देर थी। ऐसे मौक़े पर जैसा कि स्वाभाविक होता है, गोआनी सज्जन पीछे की तरफ़ मुँह करके मुझसे बात करने लगे। उन्होंने मेरा नाम-पता और काम पूछा। मैंने भी बदले में उनका नाम पूछ लिया।

"मेरा नाम है फर्नांडिस," उन्होंने कहा, "ए.एल. फर्नांडिस। एल्बर्ट ल्योनार्ड फर्नांडिस।" उन्होंने बताया कि वे वहीं पूना की किसी फ़र्म में एकाउंट्स सुपरवाइज़र हैं।

जल्दी ही मिस्टर फर्नांडिस काफ़ी घनिष्ठता से बात करने लगे। कई बार आदमी अपने परिचितों के साथ उस सहजता से बात नहीं कर पाता जिससे अपरिचितों के साथ करने लगता है। मिस्टर फर्नांडिस आवेश के साथ गोआ के भारत में सम्मिलित होने के सम्बन्ध में अपने विचार प्रकट करते रहे। उनका कहना था कि गोआ भारत का ही एक भाग है और उसे अवश्य भारत में सम्मिलित हो जाना चाहिए। पर उन्हें डर भी था कि ऐसा होने की स्थिति में महाराष्ट्र के निहित स्वार्थ गोआ को आर्थिक रूप से तबाह न कर दें।

"बट से यू?" मिस्टर फर्नांडिस ख़ासी अच्छी अँग्रेज़ी बोलते थे, पर 'वट डु यू से' की जगह हर बार 'वट से यू' ही कहते थे। उन्होंने एक एक्का मार्का बीड़ी मुँह में लगायी और जेब से एक बढ़िया लाइटर निकालकर उसे सुलगाते हुए बोले, "आप देख रहे हैं हिन्दुस्तान और गोवा में क्या फ़र्क है? हिन्दुस्तान में मैं अपने जेब-ख़र्च से सिर्फ़ यह बीड़ी ख़रीद सकता हूँ। गोआ में उतने ही पैसों में मुझे अच्छे सिगरेट मिल सकते हैं। यह लाइटर मैंने गोआ में ख़रीदा था।"

"पर इतनी-सी बात के लिए आप यह तो नहीं चाहेंगे कि गोआ में पुर्तगाली शासन बना रहे?"

उन्होंने अपना सफ़ेद सोला हैट सिर पर ठीक किया और थोड़ा खाँसकर बोले, "नहीं, यह तो मैं कभी नहीं चाहूँगा। पर एक बात मैं आपको बता दूँ। एक आम गोआनी को भारत में सम्मिलित होने पर हासिल क्या होगा? महँगी क़ीमतें और सस्ते नारे! फिर भी मैं अपना वोट भारत को ही दूँगा।"

वे मुझे गोआ की ज़िन्दगी के बारे में भी कितना कुछ बताते रहे। मुख्य बात यही थी कि गोआ में ज़रूरत की चीज़ें इतनी सस्ती हैं कि किसी गोआनी का गोआ

से बाहर रहने को मन नहीं करता। इस पर मैंने पूछ लिया कि वे ख़ुद गोआ छोड़कर पूना में क्यों रहते हैं, तो मिस्टर फर्नांडिस का चेहरा कुछ मुरझा गया और वे काफ़ी घुमा-फिराकर अपनी स्थिति स्पष्ट करने की चेष्टा करने लगे। मुझे लगा कि मैंने यह मामूली-सा सवाल पूछकर उन्हें अन्दर कहीं गहरे में कुरेद दिया है।

खिड़की अभी खुली नहीं थी। दोनों क्यू और लम्बे होते जा रहे थे। साथ के क्यू में खड़े कुछ युवतियाँ-युवक गीतों की पंक्तियाँ गुनगुना रहे थे और एक-दूसरे के कन्धे पकड़कर उछल रहे थे। उनमें से कुछ-एक एक-दूसरे की कमर में हाथ डालकर वहीं राम्बा-साम्बा नाच रहे थे। उन्हें देखते हुए मिस्टर फर्नांडिस की आँखों में धुँआँ-सा भरता जा रहा था। वे कुछ देर चुपचाप उन लोगों की हरकतों को देखते रहने के बाद बोले, ''एक तो आज की दुनिया में समस्याएँ बहुत हैं, और समस्याओं से भी ज़्यादा नारे इस दुनिया में हैं। सबसे बड़ी मुसीबत यह है कि हम हर रोज़ पहले से ज़्यादा अक़्लमन्द होते जा रहे हैं। जो बच्चा आज पैदा होता है, वह कल पैदा हुए बच्चे से ज़्यादा अक़्लमन्द होता है। आज की दुनिया को कोई चीज़ अगर ले डूबेगी, तो वह यही है।...बट से यू?''

मैंने कहा कुछ नहीं, सिर्फ़ मुस्कराकर रह गया। ''मेरा ख़याल है,'' वे एक बार इधर-उधर देखकर भेद को बात कहने की तरह मेरी तरफ़ झुककर बोले, ''यह बढ़ती अक़्लमन्दी हम मरदों को तो धीरे-धीरे फ़िलासफ़र बनाये दे रही है, और इन औरतों को कुलटा...वट से यू?''

उसी समय हमारे वाला क्यू टूट गया। टिकटघर की खिड़की खुल गयी थी और टिकट-बाबू ने साथ के क्यू को ही सही क्यू मानकर टिकट देना शुरू कर दिया था। उसे खलबली में मैं क्यू के आख़िरी सिरे पर जा पहुँचा। मिस्टर फर्नांडिस का सफ़ेद सोला हैट उसके बाद दिखाई नहीं दिया।

## चलता जीवन

अगले दिन लोण्डा स्टेशन पर गाड़ी बदलकर मैंने टाइम-टेबल देखा। मार्मुगाव तक कुल छयालीस मील का सफ़र था जिसमें गाड़ी को साढ़े आठ घंटे समय लेना था। कासलरॉक स्टेशन पर गाड़ी लंच के समय पहुँचती थी और वहाँ भी लगभग दो घंटे ठहरती थी। फिर कालेम स्टेशन पर चाय के समय पहुँचती थी और वहाँ भी लगभग उतना ही समय ठहरती थी। मैंने एक लम्बी साँस लेकर अपने को साढ़े आठ घंटे के

सफ़र के लिए तैयार कर लिया। गाड़ी चली, तो एक तटस्थ दर्शक की तरह आसपास देखने लगा। दो नीले कोटों वाले व्यक्ति मेरे पास ही बैठे थे। एक का सिर पूरा घुटा हुआ था। वे जाने कोंकणी में बात कर रहे थे, या किसी और बोली में। मराठी वह नहीं थी। दक्षिण की भाषाओं की तरह उसमें मूर्धन्य ध्वनियों की प्रधानता थी। पूछने पर पता चला कि वे लोग बम्बई के आस-पास कहीं रहते हैं और जो भाषा वे बोल रहे हैं वह 'उनकी अपनी' भाषा है। ट्रिगर की तरह हिलते कंठ और स्टेनगन की तरह ध्वनित होते शब्द—वह भाषा उनके सिवा किसी और की हो भी नहीं सकती थी!

वे एक्सपोज़ीशन के सिलसिले में गोआ जा रहे थे। यह देखकर कि वे एक-एक कान में सोने की मोटी बाली पहने हैं, मैंने उनसे इसका कारण पूछा, तो उत्तर मिला कि वह उनका अपना रिवाज़ है।

"पर एक-एक कान में ही क्यों पहनते हो?" मैंने पूछा।

"यही रिवाज़ है।"

मैं इससे आगे नहीं बढ़ सका।

गाड़ी के कासलरॉक पहुँचने तक मुझे भूख लग आयी। गाड़ी के प्लेटफ़ॉर्म पर रुकते ही मैंने बाहर निकलने के लिए दरवाज़ा खोला, तो एक सन्तरी ने बाहर से मुझे रोककर दरवाज़ा बन्द कर दिया। पता चला कि वहाँ गाड़ी दो घंटे इसलिए रुकेगी कि भारतीय कस्टम्ज़ की तरफ़ से सामान की जाँच की जाएगी। यह भी कि कालेम स्टेशन पर फिर से जाँच होगी—पुर्तगाली कस्टम्ज़ की तरफ़ से।

नीले कोटों वाले व्यक्ति अपने लंच के पैकेट साथ लाये थे। उन्होंने कम-से-कम चार आदमियों का खाना—डोसे, सेंडविच, अंडे, टोस्ट और सॉसेज—निकालकर बीच में रख लिये और बहुत हिसाब के साथ बाँटकर खाने लगे। पानी की उनके पास एक ही बोतल थी। उसमें से वे 'एक घूँट तू, एक घूँट मैं', के आधार पर पानी पीते रहे। दोनों की आत्मा पर इसका बहुत बोझ था कि वह कहीं दूसरे से ज़्यादा हिस्सा न ले जाए। पूरा-का-पूरा खाना उन्होंने दस मिनट में समाप्त कर दिया।

वहाँ सामान की चेकिंग में ज़्यादा दिक़्क़त नहीं हुई। गाड़ी वहाँ से चली, तो दूध-सागर के झरनों की चर्चा होने लगी। गाड़ी झरनों के पास पहुँची, तो नीले कोटों वाले व्यक्ति एक साथ खिड़की से बाहर झुक गये। प्राकृतिक सौन्दर्य के उपभोग में भी शायद वे बिल्कुल बराबर का हिस्सा रखना चाहते थे। पहली बार गाड़ी झरनों के बहुत पास से होकर निकली। काफ़ी ऊँचाई से पानी की चार-पाँच धारें नीचे गिर रही थीं। वहाँ से देखने पर उनमें कुछ विशेषता नहीं लगी। पर ज्यों-ज्यों गाड़ी आगे निकलती आयी, त्यों-त्यों दूर के कोणों से देखने पर उनका सौन्दर्य बढ़ता गया। जब झरने नज़र से ओझल हो गये, तो लगने लगा कि सचमुच उनका अपना ही एक

सौन्दर्य था।

कालेम पहुँचकर पता चला कि वहाँ सामान की चेकिंग ही नहीं, अपनी डॉक्टरी परीक्षा भी होगी। जैसी डॉक्टरी परीक्षा मैंने वहाँ देखी, वैसी पहले कभी नहीं देखी थी। एक आला होता है जिससे झूठ और सच की परीक्षा हो जाती है। एक और आला होता है जो शरीर के अन्दर छिपे सोने का पता दे देता है। कालेम के डॉक्टर का हाथ ऐसे किसी आले से कम नहीं था। वह हर आदमी की कलाई को अपनी दो उँगलियों से छूकर ही जान लेता था कि उसे कोई रोग है या नहीं।

जो लोग सामान की चेकिंग के लिए आये, उन्हें न तो ठीक से अँग्रेज़ी बोलनी आती थी, न हिन्दी। वे सिर्फ़ कोंकणी और पोर्तुगीज़ जानते थे। जिस आदमी ने मेरे सामान की चेकिंग की, उसे अँग्रेज़ी-हिन्दी के दो-एक वाक्य ही आते थे। उनमें एक था, 'नया है कि पुराना?' इसका सही उत्तर था, 'पुराना।' मेरे ट्रंक में दो-तीन सौ ख़ाली काग़ज़ थे। उसने उन्हें देखकर भी वही सवाल पूछा, तो मैं उसे समझाने लगा कि वे कोरे काग़ज़ हैं जो मैं अपने इस्तेमाल के लिए साथ लाया हूँ। पर उसने मेरी बात नहीं समझी और फिर वही सवाल पूछ लिया, 'नया है कि पुराना?'

'पुराना', इस बार मैंने एक शब्द में उसे उत्तर दे दिया। उसने हस्ताक्षर कर दिये।

दूसरा वाक्य जो उसे आता था, वह था 'उसमें क्या है?' मेरे बिस्तरबन्द को देखकर उसने पूछा, ''उसमें क्या है?''

''बिस्तर'', मैंने कहा।

''उसमें क्या है?''

''गद्दा, तकिया और चादर।''

''उसमें क्या है?''

मैंने घूरकर उसे देखा। उसने उस पर भी हस्ताक्षर कर दिये।

काले से, जहाँ लोहे की खानें हैं, पन्द्रह-बीस लड़के-लड़कियाँ हमारे डिब्बे में आ गये। वे बाहर से ही चहकते हुए आये थे और अन्दर आकर भी उसी तरह चीख़ते-चहकते रहे। क्रिसमस-सप्ताह चल रहा था और नया साल आने को था। उन्हें उस समय अपने पर किसी तरह का प्रतिबन्ध स्वीकार नहीं था। उन्होंने खिड़कियाँ बन्द कर दीं और बीस-तीस ग़ुब्बारे अन्दर छोड़कर उनसे खेलने लगे। उनमें से बहुतों ने—लड़कियों के अलावा लड़कों ने भी—जिस्म पर काफ़ी सोना लाद रखा था। उन्हें देखकर लगता था जैसे वहाँ की लोहे की ख़ानों से लोहा नहीं सोना निकलता हो।

डिब्बे के अन्दर रंग-बिरंगे ग़ुब्बारे उड़ रहे थे और खिड़की के शीशे के उस तरफ़ से नारियलों के घने-घने झुरमुट निकलते जा रहे थे। जिधर मैं बैठा था, उधर

नीचे घाटी थी। घाटी में उगे नारियलों के शिखर उस ऊँचाई तक उठे थे जिस पर गाड़ी चल रही थी। लगता था जैसे गाड़ी ज़मीन पर न चलकर उन शिखरों के ऊपर-ऊपर से गुज़र रही हो। जहाँ घाटी कम गहरी होती, वहाँ गाड़ी तनों के बराबर से गुज़रती। फिर सहसा ऊँची ज़मीन आ जाने से शिखर आकाश में उठ जाते और गाड़ी उनकी जड़ों से भी नीचे चलती नज़र आती। मैं शीशे के साथ आँखें सटाये हरियाली के विस्तार को समुद्र की तरह उफनते देख रहा था। तभी घने नारियलों से घिरी एक उदास नहर नीचे से निकल गयी जिसमें एक छोटी-सी नाव, उतनी ही उदास गति से चलकर धीरे-धीरे पुल की तरफ़ आ रही थी। दृश्यपट पर क्षण-भर के लिए वह दृश्य उभरा और विलीन हो गया। गाड़ी पुल से कितना ही आगे निकल आयी, पर नाव तब भी पुल से अभी उतनी ही दूर थी।

अन्दर ग़ुब्बारों का खेल ख़ूब ज़ोर पकड़ रहा था, जब साँवर्दे स्टेशन आ गया। उन लड़के-लड़कियों को वहीं उतरना था। गाड़ी के स्टेशन पर रुकते ही दो-तीन युवा स्त्रियाँ डिब्बे के दरवाज़े के पास आ खड़ी हुईं। वे वहाँ की पोर्टर थीं। कुछ ही देर में युवतियों की दो पंक्तियाँ स्टेशन के बाहर जाती दिखाई दीं—एक रंग-बिरंगे गुब्बारे उड़ाती और दूसरी ट्रंकों और बिस्तरों से लदी, धूल उड़ाती।

## वास्को से पंजिम तक

मार्मुगाव गोआ का टर्मिनस स्टेशन है। वहाँ से पंजिम जाने के लिए फ़ेरी लेनी पड़ती है। मैंने सोचा था कि रात मार्मुगाव में रहकर सवेरे फ़ेरी से पंजिम चला जाऊँगा। पर मार्मुगाव से दो स्टेशन पहले गाड़ी में एक महाराष्ट्र युवक कारवाड़कर से परिचय हो गया। उसने कहा कि मुझे रात को मार्मुगाव न जाकर वास्को में ठहर जाना चाहिए। वास्को या वास्कोडिगामा मार्मुगाव से पहला स्टेशन है। कारवाड़कर वहीं पर रहता था। उसने यह भी कहा कि मुझे कुछ दिन गोआ में रहना हो, तो उसके लिए भी सबसे अच्छी जगह वास्को ही है, पंजिम नहीं।

उसने अनुरोध किया कि मैं कम-से-कम एक रात वास्को में उसका मेहमान बनकर रहूँ। सुबह वह मुझे मार्मुगाव से पंजिम की फ़ेरी में बैठा देगा।

मैं उसके साथ वास्को में उतर गया। कारवाड़कर एक साधारण क्लर्क था। घर में उसके अलावा उसकी माँ और पत्नी ये दो ही व्यक्ति थे। उसका ब्याह हुए दो महीने हुए थे। उसके स्वभाव में एक विशेषता मैंने देखी कि जहाँ एक अपरिचित

व्यक्ति के लिए वह हर तरह का कष्ट उठाने को तैयार था, वहाँ अपनी पत्नी से एक मध्यकालीन पति की तरह सब तरह का काम लेना अपना अधिकार समझता था। आरम्भ से गोआ में रहने के कारण उसे सिर्फ़ कोंकणी ही आती थी—अँग्रेज़ी के वह छोटे-छोटे वाक्य ही बना पाता था। मैंने उससे कहा कि मैं अपने लिए नहाने का पानी कुएँ से निकाल लूँगा, तो वह बोला, "नो। अवर वाइफ़ इज़ इट।" मैंने शेव करके अपना साामन धोना चाहा, तो वह भी उसने मेरे हाथ से ले लिया और कहा, "नो, अवर वाइफ़ डज़ इट।" घर की सीमाओं में किया जानेवाला कोई भी काम, चाहे वह मेहमान के सूटकेस को यहाँ से उठाकर वहाँ रखना ही क्यों न हो, उसकी दृष्टि में उसकी पत्नी के कार्यक्षेत्र में आता था।

कारवाड़कर स्टेशन से मुझे सीधे अपने घर ले आया था, इसलिए मैं रात को वास्को शहर ठीक से नहीं देख पाया था। सुबह कारवाड़कर के साथ मार्मुगाव हार्बर की तरफ़ जाते हुए पहली बार उस शहर की एक झलक देखी। वास्को मार्मुगाव से दो मील इधर है। बन्दरगाह पर आनेवाले बेड़ों और जहाज़ों के यात्री अगर अपने लिए कुछ ख़रीदना चाहें, तो उन्हें वास्को ही आना पड़ता है। मार्मुगाव अघनाशिनी नदी के मुहाने पर प्राकृतिक रूप से बना बन्दरगाह है। वास्को नदी और समुद्र के संगम के इस ओर पड़ता है। वहाँ के छोटे-से बीच से टकराती लहरें बहुत शालीन लगती हैं। बीच सड़क से आठ-दस फ़ुट नीचे है। सड़क के साथ-साथ बीच की ओर चौड़ी मुँडेर बनी है। रात के समय मुँडेर के पास खड़े होकर देखने पर मार्मुगाव हार्बर में खड़े जहाज़ एक झील में बने छोटे-छोटे घरों-जैसे लगते हैं। वास्को बहुत छोटा-सा शहर है, पर बहुत खुला बसा हुआ है। वहाँ की जनसंख्या आठ-दस हज़ार से ज़्यादा नहीं है, पर उसका फैलाव बहुत है और निर्माण एक अच्छे आधुनिक शहर की तरह हुआ है। जीवन भी वहाँ अपेक्षाकृत शान्त है। पर वहाँ का साधारण-से-साधारण होटल भी उन दिनों बम्बई के अच्छे-से-अच्छे होटल से अधिक महँगा था। यह शायद एक्सपोज़ीशन की वज़ह से था।

हार्बर से कारवाड़कर लौट गया और मैं पंजिम जानेवाली फ़ेरी में बैठ गया।

पंजिम मुझे बहुत साधारण शहर लगा। कुछ आधुनिक इमारतें, तड़क-भड़कदार होटल और भीड़—वही कुछ जो एक औसत दर्जे की राजधानी में हो सकता है। रात को मैं वहाँ गुजरात लॉज में ठहरा। एक ही बड़े-से कमरे में सात-आठ पलँग बिछे थे, जिनमें एक मुझे दे दिया। पलँग में कुछ इस तरह के स्प्रिंग लगे थे कि जब भी मैं करवट बदलता, तो वह बुरी तरह चरमरा जाता, जिससे मेरी नींद टूट जाती। नींद टूटने पर हर बार मुझे एक ही व्यक्ति की भारी-सी आवाज़ सुनाई देती जो दो श्रोताओं को गुजरात लॉज में घटित हुए पुराने क़िस्से सुना रहा था। एक बार मेरी नींद टूटी तो वह कह रहा था, "वह जापानी अपने साथ छिपाकर दस-

बारह शराब की बोतलें ले आया था। उसे पता नहीं था कि गोआ में शराब सस्ती है। उसने सोचा कि जापानी शराब यहाँ अच्छे दाम में बेच लेगा। पर जब यहाँ आकर देखा कि शराब पानी के मोल मिलती है, तो बैठकर अपनी शराब ख़ुद ही पीने लगा। हमने उससे कहा कि भले आदमी, इतनी शराब अकेला कैसे पी जाएगा? कम क़ीमत मिलती है, तो कम पर बेच दे। कुछ नुक़सान ही सही। पर वह नहीं माना। दिन-भर न कहीं जाता-आता था, न किसी से मिलता-जुलता था; बस बैठकर अपनी शराब पीता रहता था...।''

यहाँ पर मुझे ऊँघ आ गयी। फिर आँख खुली, तो वह कोई और क़िस्सा सुना रहा था, ''...कप्तान ने उसे जहाज़ पर ले जाने से इनकार कर दिया। अब हमारी समझ में न आये कि उसका क्या करें। गोआ की ऐश तो उसने ली थी और मुसीबत हम लोगों को हो रही थी। आख़िर उसे अस्पताल में ले गये। अस्पताल में वह उसी रात को मर गया।''

''उसके घर-बार का कुछ पता नहीं था?'' एक सुनने वाले ने पूछा।

''बोरकर नाम था और बम्बई से आया था। अपना पूरा पता उसने नहीं दिया था। वहाँ पर तो नेक और शरीफ़ बनकर रहता होगा न! यहाँ आया था कि दो चीज़ों के लिए गोआ की मशहूरी है। एक शराब और दूसरे रंडी। अब एक क़िस्सा और सुनिए...।''

यहाँ पर मुझे फिर से ऊँघ आ गयी।

## सौ साल का ग़ुलाम

सुबह पंजिम से मैं ओल्ड गोआ चला गया। ओल्ड गोआ में कई बड़े-बड़े गिरजाघर हैं जिनमें से एक में (उसका नाम चर्च ऑव बॉम जीज़स है) सेंट फ्रांसिस के शरीर का प्रदर्शन किया जा रहा था। वह शरीर चार सौ साल से वहाँ सुरक्षित है। गिरजाघर के बाहर दर्शनार्थियों की दो लम्बी पंक्तियाँ बनी थीं। जिनमें से प्रत्येक में उस समय कम-से-कम एक-एक हज़ार व्यक्ति खड़े थे। चिलचिलाती धूप में चार-चार छह-छह घंटे खड़े रहने के बाद ही एक व्यक्ति उस स्थान तक पहुँच सकता था जहाँ वह शरीर रखा था। मैंने सुना कि सेंट फ्रांसिस के पैर का एक अँगूठा शीशे के केस में चादर से बाहर नज़र आता है। हर दर्शनार्थी उस स्थान को झुककर चूमता है और आगे बढ़ जाता है। चार सौ साल पुराने शरीर को देखने की उत्सुकता मेरे मन में भी

थी, पर पंक्ति में चार-छह घंटे खड़े होने का धीरज नहीं था। इसलिए मैं कुछ देर वहाँ बस आसपास ही घूमता रहा।

वहाँ का वातावरण उत्तर भारत के हिन्दू-मेलों जैसा था। उसी तरह वहाँ मूर्त्तियाँ, मालाएँ और धार्मिक पुस्तकें बिक रही थीं। उन दिनों के लिए गिरजे के पास अस्थायी बाज़ार लग गया था जिसमें प्राय: सभी स्टाल चटाइयों के बने थे। बाज़ार के एक तरफ़ बड़े-बड़े मटकों में चींटों से भरी ताड़ी बिक रही थी। मैंने वहीं एक ढाबे में खाना खाया और घूमता हुआ दूर के गिरजाघरों की तरफ़ निकल गया। वे गिरजाघर एकदम सुनसान थे। कोई एक भी व्यक्ति उस तरफ़ आता दिखाई नहीं दे रहा था। एक गिरजाघर के बाहर बहुत-सी हिन्दू देवी-देवताओं की मूर्तियाँ बिखरी थीं। शायद उन्हें बेघर करके ही वह गिरजाघर वहाँ खड़ा किया गया था। मूर्तियाँ ख़ानाबदोशों की तरह यहाँ-वहाँ पड़ी आसमान को ताक रही थीं। मैंने दो-एक उलटी मूर्तियों को सीधा कर दिया और वहाँ से आगे निकल गया।

धूप बहुत थी। मैं नारियलों के एक घने झुरमुट की तरफ़ बढ़ गया। झुरमुट में पहुँचकर दूर तक फैले धान के एक खेत के पास से समुद्र की तट-रेखा को देखता रहा। आसपास और भी वैसे ही खेत थे जो चारों ओर से नारियल के पेड़ों से घिरे हरियाली की छोटी-छोटी झीलों जैसे लग रहे थे। धान लहलहाता, तो झीलों में लहरें उठ आतीं। मुझे प्यास लग आयी थी। खेतों के बीच से आते एक किसान को मैंने आवाज़ देकर रोक लिया। उसने पहले कोंकणी में और फिर टूटी-फूटी अँग्रेज़ी में पूछा कि मैं क्या चाहता हूँ।

''यहाँ कहीं पीने का पानी मिल सकता है?'' मैंने उससे पूछा।

''क्यों नहीं मिल सकता?'' वह बोला। ''मेरे पीछे-पीछे चले आओ।''

मैं उसके साथ चल दिया। जिस कोठरी की तरफ़ वह ले जा रहा था, वह दूर नहीं थी। पर रास्ते में दो-तीन छोटे-छोटे नाले पड़ते थे जिन पर नारियल के तने रखकर पुल बना लिये गये थे। वह तो उन्हें बहुत आसानी से पार कर जाता था, पर मेरे लिए उन पर से गुज़रना बहुत मुश्किल काम था। मैं बाँहें हिलाकर अपना सन्तुलन ठीक रखता हुआ दो-एक पुल तो पार कर गया, पर आख़िरी पुल के बीच में पहुँचकर, जो उस कोठरी के सामने था, मेरा सन्तुलन बिगड़ गया। सामने से एक कुत्ता ज़ोर से भौंकता हुआ मेरी तरफ़ लपका। कुत्ते के लपकने से मेरा बिगड़ा हुआ सन्तुलन अचानक ठीक हो गया और मैं झपटकर दूसरी तरफ़ पहुँच गया।

कोठरी के बाहर एक बाड़ा था जिसमें आठ-दस मुर्ग़ियाँ बाद दोपहर का विश्राम कर रही थीं। बाड़े के पास पहुँचकर किसान ने मुझसे रुकने को कहा और ख़ुद दौड़ता हुआ कोठरी के पीछे की तरफ़ चला गया। तीन-चार मिनट बाद वह हाथ में ताली लिये हुए लौटकर आया और मुझसे साथ अन्दर आने को कहकर

दरवाज़ा खोलने लगा।

कोठरी के बाहर का आँगन अच्छी तरह पुता हुआ था। कोठरी अन्दर से भी साफ़-सुथरी थी। बीच में पार्टीशन डालकर तीन छोटे-छोटे कमरे बना लिये गये थे। एक कमरे में पलँग बिछा था जिसका बिछावन काफ़ी उजला था। दूसरे कमरे में खाना बनाने का सामान बहुत क़रीने से रखा था। तीसरे में एक नीची गोल मेज़ और दो-तीन आराम-कुर्सियाँ पड़ी थीं। उसी कमरे में एक सुराही में पानी भरा रखा था। किसान मुझे पानी देने से पहले शीशे के गिलास को मल-मलकर धोने लगा। मैंने उससे उसका नाम पूछ लिया।

''मेरा नाम है फ्रेड'', उसने नम्रता और संकोच के साथ कहा।

''यहाँ के सब किसान इसी ढंग से रहते हैं जैसे तुम रहते हो?'' मैंने पूछा।

उसके चेहरे के भाव से लगा कि मेरा सवाल उसकी समझ में नहीं आया।

मैंने समझाते हुए कहा, ''मेरा मतलब है तुम्हारा घर जितना साफ़-सुथरा है, रहन-सहन जितना अच्छा है, तुमने जैसे अपनी मुर्ग़ियाँ पाल रखी हैं और कुत्ता रख रखा है, क्या और किसान भी इसी तरह रहते हैं या कुछ थोड़े से ही किसान ऐसे हैं जो इस स्तर का जीवन बिता पाते हैं? तुम्हारी पैदावार ज़्यादा है, इसलिए तुम इतनी अच्छी तरह रहने का ख़र्च उठा सकते हो या यहाँ के सब किसान इतने ही ख़ुशहाल हैं?''

मेरी लम्बी-चौड़ी बात का उसने बहुत संक्षिप्त-सा उत्तर दिया, ''जी, यह कोठरी मेरी नहीं है।''

ख़ाली गिलास वापस रखकर मैं उसके साथ कोठरी से बाहर निकल आया। एक नज़र आसपास के खेतों पर डालकर मैंने पूछा, ''यह खेत भी तुम्हारे नहीं हैं?''

वह कोठरी का दरवाज़ा बन्द कर रहा था। ताला ठीक से लग गया, तो वह मूर्तियों वाले गिरजाघर की तरफ़ इशारा करके बोला, ''वह गिरजा देख रहे हैं न...ये खेत उसी गिरजे के बड़े पादरी के हैं। यह घर भी उन्हीं का है। मैं उनके खेतों में काम करता हूँ। मेरा अपना घर उस तरफ़ है।'' और उसने उधर इशारा किया जिधर से वह ताली लाने गया था।

''और मुर्ग़ियाँ?''

''ये भी उन्हीं की हैं। कुत्ता भी उन्हीं का है। उधर उनकी एक छोटी-सी डेरी भी है।''

''पादरी रात को गिरजे से यहाँ आ जाते हैं?''

''जी नहीं,'' वह बोला। यहाँ तो वे कभी-कभार आराम करने के लिए आते हैं। उनका बड़ा बँगला गिरजे के साथ है।'' फिर कुछ रुककर बोला, ''पर पादरी आजकल यहाँ नहीं हैं।''

"कहीं बाहर गये हैं?"

"जी हाँ, अपने देश गये हैं—पुर्तगाल।"

"तुम उनके पास कब से हो?"

"हमारा ख़ानदान सौ साल से उनके ख़ानदान की सेवा में है," उसकी आँखों में गर्व की चमक आ गयी। सौ साल से इन खेतों की जुताई-कटाई हमीं लोग करते आ रहे हैं।"

और वह मेरे चेहरे पर अपनी बात का प्रभाव देखता हुआ और भी गर्व के साथ मुस्करा दिया। कोई दूर से उसे आवाज़ दे रहा था। "आप जिस रास्ते से आये हैं, उसी रास्ते से चले जाएँ, कुत्ता आपको कुछ नहीं कहेगा," कहकर वह भागता हुआ उस तरफ़ चला गया। उसके गर्वयुक्त चेहरे की छाप आँखों में लिए मैं फिर से पेड़ों के तने पार करने लगा।

## मूर्तियों का व्यापारी

हर आबाद शहर में कोई एकाध सड़क ज़रूर ऐसी होती है जो न जाने किस मनहूस वज़ह से अपने में अलग और सुनसान पड़ी रहती है। इधर-उधर की सड़कों पर ख़ूब चहल-पहल होगी, पर बीच की वह सड़क, अभिशप्त उदास और वीरान ऐसे नज़र आती है जैसे बाक़ी सड़कों ने कोई षड्यन्त्र करके उसका बहिष्कार कर रखा हो। मड़गाँव में एक ऐसी ही सड़क के बीच में रुककर मैं कुछ देर चार-पाँच अधनंगे बच्चों को सिगरेट की ख़ाली डिबियों से अपना ही एक खेल खेलते देखता रहा।

मड़गाँव से मुझे वास्को की गाड़ी पकड़नी थी। गाड़ी शाम को साढ़े पाँच बजे आती थी और उस समय अभी तीन बजे थे। मैंने तब तक तय कर लिया था कि अगले दिन मैं गोआ से चल दूँगा। एक स्थानीय प्रोफ़ेसर ने बतलाया था कि वहाँ पुलिस को यदि पता चला कि मैं एक भारतीय नागरिक हूँ और वहाँ रहकर हिन्दी में कुछ लिखा करता हूँ, तो यह असम्भव नहीं कि मुझे और मेरे काग़ज़ों को तब तक के लिए हिरासत में ले लिया जाए जब तक उन्हें विश्वास न हो जाए कि मैं गोआ की पुर्तगाली सरकार के विरुद्ध किसी षड्यन्त्र में सम्मिलित नहीं हूँ। परन्तु मेरे चल देने के निश्चय का कारण यह नहीं था। कारण अपनी अस्थिरता ही थी—अस्थिरता और उदासी। मुझे न जाने क्यों वह सारा प्रदेश बहुत ही बेगाना लग रहा था। अगले

दिन स्टीमर 'साबरमती' बम्बई से मार्मुगाव पहुँच रहा था। मैं उसमें मंगलूर जा सकता था। स्टीमर में यात्रा का मोह इतनी जल्दी कार्यक्रम बना लेने का एक और कारण था।

दोपहर को गाड़ी का समय पूछने मड़गाँव स्टेशन पर गया था। उस समय वहाँ एक व्यक्ति ने मेरे पास आकर पूछा था कि क्या मैं सवा रुपये में सेंट फ्रासिस की एक मूर्त्ति ख़रीदना चाहूँगा। उसके पास सौ-डेढ़ सौ छोटी-छोटी प्लास्टिक की मूर्त्तियाँ थीं जो प्लास्टिक के ही पारदर्शी हंडों में बंद थीं। मेरे मना कर देने पर उसके चेहरे पर जो निराशा का भाव आया, उससे मेरा मन हुआ कि एक मूर्त्ति ख़रीद लूँ, पर यह सोचकर कि हज़ारों ईसाई यात्री वहाँ आये हुए हैं, उनमें से कितने ही उससे मूर्त्तियाँ ख़रीद लेंगे, मैं उस तरफ़ से ध्यान हटाकर स्टेशन से बाहर चला आया।

काफ़ी देर इधर-उधर घूमकर और सिगरेट की डिबियों का खेल देखने के बाद पहले से कहीं ज़्यादा उदास होकर शाम को वापस स्टेशन पर पहुँचा, तो सबसे पहले नज़र उसी व्यक्ति पर पड़ी। मुझे अपनी तरफ़ देखते पाकर वह फिर मेरे पास चला आया और पहले बारह आने में, फिर आठ आने में मुझसे एक मूर्त्ति ख़रीद लेने का अनुरोध करने लगा। मुझे इससे अपनी पहले की सहानुभूति के लिए भी खेद हुआ। लगा कि वह उन्हीं फेरीवालों में से एक है जो इसी तरह चीज़ों की क़ीमतें घटा-बढ़ाकर लोगों को ठगा करते हैं। मैंने हलकी त्योरी के साथ सिर हिलाकर फिर मना कर दिया। इस पर उसने ख़ुशामद के साथ कहा, "देखिए प्लीज़, एक मूर्त्ति की क़ीमत सवा रुपये से कम नहीं है। मैं दूसरी कोई मूर्त्ति सवा रुपये से कम में नहीं बेचूँगा।"

मेरा मन उदास था और मुझे मूर्त्ति में कोई दिलचस्पी नहीं थी। मैं जाकर एक बेंच पर बैठ गया। वह वहाँ भी मेरे पीछे-पीछे चला आया।

"पर तुम क्यों वह मूर्त्ति मेरे मत्थे मढ़ने के पीछे पड़े हो?" मैंने काफ़ी झुँझलाहट के साथ कहा। "तुम्हें और कोई नहीं मिल रहा ख़रीदने वाला?"

वह पल-भर ख़ामोश रहा। फिर जैसे संकोच का पर्दा हटाता हुआ बोला, "देखिए प्लीज़, बात यह है कि मैं सुबह से अब तक एक भी मूर्त्ति नहीं बेच पाया। मेरे पास एक भी पैसा नहीं है, और मैं सुबह से भूखा हूँ। आज नये साल का दिन है। मैं ईसाई हूँ। चाहिए तो यह था कि आज मैं नये कपड़े पहनकर घर से निकलता और दिन-भर मौज़ उड़ाता, पर मेरा ट्रंक फ़ादर डिसूज़ा के कमरे में है और फ़ादर कमरे की ताली अपने साथ ले गये हैं। मैं सुबह से न कपड़े बदल सका हूँ और न खाना खा पाया हूँ। सोचा था कि दो-एक मूर्त्तियाँ बिक जाएँगी, तो कम-से-कम खाने का सिलसिला तो हो ही जाएगा। मगर नये साल का दिन है, मुँह से कुछ कहा भी नहीं जाता। मेरे लिए यह दिन ऐसा मनहूस चढ़ा है कि सुबह से अब तक एक

प्याली चाय भी गले से नीचे नहीं उतार सका। रोज़ मैं सौ-पचास मूर्त्तियाँ बेच लेता हूँ, पर आज पूरे दिन में एक भी नहीं बिक पायी। इस वक़्त भूख के मारे मेरा क्या बुरा हाल है, मैं बता नहीं सकता।''

वह चौबीस-पचीस साल का युवक था। पर बात करते हुए उसकी आँखें लड़कियों की तरह झुकी जा रही थीं। मैं तब भी तय नहीं कर पाया कि वह सच कह रहा है या यह भी उसकी दुकानदारी का ही एक लटका है। ''ये फ़ादर डिसूज़ा कौन है?'' मैंने उससे पूछा।

''हमारे पार्सन हैं,'' वह बोला। ''मैं उन्हीं के साथ बम्बई से यहाँ आया हूँ।''

''ये मूर्त्तियाँ भी तुम बम्बई से ही लाये हो?''

''नहीं, ये फ़ादर डिसूज़ा रोम से लाये थे।''

''और तुम उन्हीं की तरफ़ से इन्हें बेच रहे हो?''

''जी हाँ। फ़ादर डिसूज़ा मुझे इन पर पाँच प्रतिशत कमीशन देते हैं। हमने इन थोड़े-से ही दिनों में बारह-तेरह सौ मूर्त्तियाँ बेच ली हैं। मगर आज का दिन जाने क्यों इतना ख़राब चढ़ा है। आज पहली जनवरी है। मैं डर रहा हूँ कि मेरा पूरा साल ही कहीं इस तरह न बीते।''

''पर फ़ादर डिसूज़ा कमरा बन्द करके कहाँ चले गये?'' मैंने पूछा।

''आधी रात को उनका...के बड़े गिरजे में सर्मन था। रात के बारह बजे नया साल शुरू होने के समय वहाँ प्रार्थनाएँ होनी थीं—उनके बाद उन्हें सर्मन देना था। उन्हें इसीलिए विशेष रूप से यहाँ बुलाया गया था। एक साल पहले से ही इन लोगों ने उनसे वचन ले रखा था।''

''फ़ादर डिसूज़ा रोम कब गये थे?''

''चार महीने पहले। अभी महीना-भर पहले लौटकर आये हैं।'' फिर पल-भर रुका रहने के बाद वह बोला, ''जाते हुए वे ताली इसलिए साथ लेते गये होंगे कि तीन-चार हज़ार की मूर्त्तियाँ अब भी कमरे में रखी हैं। मुझे उस समय उन्होंने यहाँ के एक और गिरजे में मूर्त्तियाँ बेचने के लिए भेज रखा था। मेरे लौटकर आने से पहले ही उन्हें चले जाना पड़ा। अब कल सुबह से पहले वे लौटकर नहीं आएँगे।'' फिर उसी आग्रह के साथ उसने कहा, ''आप एक मूर्त्ति ले लीजिए। प्लीज़ मैं आपको चार आने में दे रहा हूँ।''

''आओ तुम मेरे साथ चाय पी लो,'' मैंने कहा। ''मूर्त्ति मुझे नहीं चाहिए।''

हम चाय-स्टाल पर पहुँचे, तो पुर्तगाली सिपाहियों का एक दस्ता मार्च करता हुआ हमारे सामने से निकल गया। वह कुछ देर उन्हें देखता रहा। फिर जबड़े सख़्त किये बोला, ''किस तरह अकड़कर चलते हैं ये। दिन-भर मैं इन्हें यहाँ इधर से

उधर गश्त लगाते देखता हूँ। करते-धरते ये कुछ नहीं, बस अकड़कर चलना जानते हैं। कोई इनकी आँखों के सामने मर भी जाए, तो ये उसे उठाएँगे नहीं, सड़क पर पड़ा रहने देंगे। मैंने यह अपनी आँखों से देखा है। यहाँ मड़गाँव की ही एक सड़क पर एक मरा हुआ कुत्ता तीन दिन उसी तरह पड़ा रहा। इनका शायद ख़याल था कि कुत्ते के भाई-बन्द ही उसे उठाकर दफ़नाने के लिए ले जाएँगे।''

ज्यों-ज्यों चाय के घूँट और केक के टुकड़े गले से नीचे उतर रहे थे, उसके चेहरे पर सचमुच कुछ जान आती जा रही थी। अपनी प्याली ख़ाली करके वह आँखें बन्द किये पल-भर न जाने क्या सोचता रहा। फिर बोला, ''मैं जानता हूँ मुझे आज किस पाप की यह सज़ा मिली है। मैं आज नये साल के दिन सुबह गिरजे में प्रार्थना करने नहीं गया। उसी का यह फल है। मैं अपने मैले कपड़ों की वजह से झिझकता रहा। पर ईश्वर के घर मैले कपड़ों में जाने में आदमी को संकोच क्यों हो? मुझे वहाँ कोई रोकता थोड़े ही? इतना ही था न कि लोग देखकर समझते कि...'' और उस वाक्य को अधूरा छोड़ उसने फिर कहा, ''ख़ैर मुझे पता तो चल ही गया है, कि यह मुझे किस चीज़ की सज़ा मिली है। यही वजह है जो मेरी मूर्त्तियाँ आज नहीं बिकीं।''

मैं बिना उससे उस सम्बन्ध में कुछ कहे चाय के घूँट भरता रहा। मन में मूर्त्तियों के उस व्यापारी के विषय में सोच रहा था जो रात को सर्मन देने गया था और ताली अपने साथ लेता गया था क्योंकि...।

## आगे की पंक्तियाँ

जिस समय मैं वास्को पहुँचा, रात हो चुकी थी। कारवाड़कर प्रतीक्षा कर रहा था। उसने अगले रोज़ वहाँ से सोलह मील दूर एक मन्दिर देखने चलने का कार्यक्रम बना रखा था। जब मैंने उसे बताया कि मैंने सुबह 'साबरमती' से मंगलूर चले जाने का निश्चय किया है, तो उसे बहुत निराशा हुई। उसने पिकनिक का सामान तैयार कर लिया था और अपनी साली को भी, जो वहाँ पर लेडी डॉक्टर थी, साथ चलने का निमन्त्रण दे दिया था। पर मुझे उसने यह सब नहीं बताया। सुबह नाश्ते के समय मुझे मालूम हुआ कि जो कुछ मैं खा रहा हूँ, वह सारा सामान उस दिन की पिकनिक के लिए तैयार किया गया था। मुझे अफ़सोस हुआ। पर तब तक कारवाड़कर ख़ुद ही जाकर मार्मुगाव से मेरे लिए 'साबरमती' का टिकट ले आया था।

रात को मैं कारवाड़कर के साथ फिर घूमने निकल गया था। चाँदनी रात में वास्को की मुख्य सड़क, जिसके बीचोंबीच थोड़े-थोड़े फ़ासले पर छोटे-छोटे पेड़ लगे हैं, एक रूमाली नींद में सोयी लग रही थी। हमारे दायीं ओर नये साल के लिए सजायी गयी कोठियों में नृत्य-संगीत चल रहा था। बायीं ओर से समुद्र की लहरों की हल्की-हल्की आवाज़ सुनाई दे रही थी। मुझे लगा कि मैंने जितने शहर अब तक देखे हैं, उनमें वास्को सबसे सुन्दर है—दो-चार पंक्तियों की एक छोटी-सी भावपूर्ण कविता की तरह। मैंने कारवाड़कर से यह बात कही, तो वह थोड़ा मुस्कराया और बोला, ''इस सुन्दर कविता की कुछ पंक्तियाँ इससे आगे मिलेंगी। इसी सड़क पर थोड़ा-सा और आगे।''

मैं दिन-भर घूमकर काफ़ी थक चुका था और तब उससे लौटने को कहने की सोच रहा था। पर शहर के उस भाग को भी देख लेने के लोभ से चुपचाप उसके साथ चलता रहा।

सड़क का वह हिस्सा जहाँ बीच में पेड़ लगे थे, पीछे रह गया। आगे खुली सड़क थी। दायीं ओर कुछ बड़ी-बड़ी कोठियाँ थीं जो एक-दूसरे से काफ़ी हटकर बनी थीं। कुछ रास्ता और चलकर कारवाड़कर बायीं ओर को मुड़ गया और कच्चे रास्ते पर चलने लगा। उस ऊँचे-नीचे रास्ते पर चलते हुए अँधेरे में एक जगह मैं ठोकर खा गया।

''यह तुम मुझे कहाँ लिये चल रहे हो?'' मैंने ठोकर खाये पैर को दूसरे पैर से दबाते हुए कहा।

''जो जगह तुम्हें दिखाना चाहता हूँ वह इसी तरफ़ है'', कारवाड़कर बोला। ''अब हमें बस सौ-पचास ग़ज़ ही और जाना है।''

रास्ता कभी दायें और कभी बायें को मुड़ता हुआ कुछ झोपड़ियों के सामने आ निकला। प्राय: सभी झोंपड़ियाँ चटाई की बनी थीं। बीस साल पुरानी चटाई की दीवारों का जो मैला-फटा और गला-सड़ा रूप हो सकता है, वह उन झोपड़ियों में नज़र आ रहा था। एक झोपड़ी के आगे दो मोमबत्तियाँ जल रही थीं। उस ओर संकेत करके कारवाड़कर ने कहा, ''वह एक ईसाई का घर है जो इस तरह आज अपना नया साल मना रहा है।''

''यहाँ यही एक ईसाई का घर है?'' मैंने पूछा।

''नहीं,'' वह बोला। ''यह मिली-जुली बस्ती है। ज़्यादातर घर यहाँ धोबियों के हैं जिनमें आधे से ज़्यादा ईसाई हैं। पर यह आदमी शायद औरों से ज़्यादा मालदार है। देखना, ज़रा बचकर आना...,'' उसने सहसा बाँह से पकड़कर मुझे होशियार कर दिया। मैंने वक़्त से सँभलकर झोपड़ियों के आगे से बहते गन्दे पानी के नाले को पार कर लिया।

एक झोपड़ी के बाहर पहुँचकर कारवाड़कर ने किसी को आवाज़ दी। एक आदमी हाथ में दीया लिये अन्दर से निकल आया। कारवाड़कर ने उससे कोंकणी में कुछ बात की। फिर हम लोग वहाँ से वापस चल पड़े। चलते हुए कारवाड़कर बतलाने लगा कि उस आदमी से उसने पूछा था कि वह ईसाई होकर भी आज नया साल क्यों नहीं मना रहा। उस आदमी ने उत्तर दिया कि उसने आज दिन-भर सोकर नया साल मना लिया है। ''यह है यहाँ की वास्तविक कविता। कैसी लगी तुम्हें?'' उसने कहा और मुझे चुप देखकर मुस्करा दिया।

वहाँ से निकलकर हम फिर पक्की सड़क पर आ गये। कविता की पहली पंक्तियाँ फिर सामने उभरने लगीं।

## बदलते रंगों में

सुबह कारवाड़कर मुझे 'साबरमती' में चढ़ा गया। दो बजे के लगभग स्टीमर का लंगर उठा और स्टीमर खुले समुद्र की तरफ़ बढ़ने लगा। मैं उस समय एक तरफ़ तख़्ते पर बैठा मुँडेर पर बाँहें टिकाये पानी में बनती लहरों की जालियों को देख रहा था। पानी की सतह पर एक कार्ड तैर रहा था जिससे एक केंकड़ा चिपका था। लहरें कार्ड को स्टीमर की तरफ़ धकेल रही थीं, मगर केंकड़ा निश्चिन्त भाव से बैठा शायद अपनी नाव के स्टीमर से टकराने की राह देख रहा था। जब कार्ड स्टीमर के बहुत पास आ गया, तो स्टीमर के नीचे से कटते पानी ने उसे फिर परे धकेल दिया। केंकड़े ने अपनी दो टाँगें ज़रा-सी उठाकर फिर से कार्ड पर जमा लीं और उसी निश्चिन्त मुद्रा में बैठा गति का आनन्द लेता रहा।

जब तक स्टीमर हार्बर में था, तब तक समुद्र का पानी एक हरी आभा लिये था। पर स्टीमर खुले समुद्र में पहुँचने लगा, तो पानी का रंग नीला नज़र आने लगा। पीछे हार्बर में जापानी जहाज़ 'चुओ मारो' की चिमनियाँ नज़र आ रही थीं। हमारे एक तरफ़ खुला अरब सागर था और दूसरी तरफ़ भारत का पश्चिमी तट। तट से थोड़ा इधर पानी में दो छोटे-छोटे द्वीप दिखाई दे रहे थे जो दूर से बहुत कुछ जापानी घरों-जैसे ही लगते थे। इतनी दूर से देखते हुए पश्चिमी तट की रेखा एक बड़े से नक्शे की रेखा लग रही थी। बीच के दोनों द्वीपों से सफ़ेद समुद्र-कपोत उड़कर स्टीमर की तरफ़ आ रहे थे। उनमें से कुछ तो रास्ते में ही पानी की सतह पर उतर जाते थे और नन्हीं-नन्हीं काग़ज़ की नावों की तरह वहाँ तैरने लगते थे। दूसरी तरफ़

खुले पानी में सहसा एक तरह की हरियाली घुल गयी। मैं उस रंग को फैलते और धीरे-धीरे विलीन होते देखता रहा—जैसे कि समुद्र के मन में सहसा एक विचार उठा हो जो अब धीरे-धीरे उसके अवचेतन में डूबता जा रहा हो। मेरे साथ उसी तख़्ते पर बैठा एक नवयुवक भी उस हरियाली को घुलते देख रहा था। उसने मेरी तरफ़ मुड़कर कहा—"देखिए, ज़िन्दगी कितना बड़ा चमत्कार है!"

मैं कुछ न कहकर उसकी तरफ़ देखने लगा।

"आप जानते हैं, यह हरियाली क्या है?" वह बोला। "ये प्लैंटोंज़ है—तैरते हुए जीव। इनमें पौधे और मांसयुक्त प्राणी दोनों तरह के जीवाणु शामिल हैं।"

वह नवयुवक प्राणि-विज्ञान का विद्यार्थी था, और प्राणि-विज्ञान की दृष्टि से ही समुद्र को देख रहा था। विद्यार्थियों की एक पार्टी किसी शोध-प्रोजेक्ट के सिलसिले में गोआ आयी थी। वह उस पार्टी का एक सदस्य था। पानी की तरफ़ संकेत करके वह फिर बोला, "आप वह रस्सी देख रहे हैं?"

मुझे पहले कोई रस्सी नज़र नहीं आयी। पर कुछ देर ध्यान से देखने पर पानी की सतह के नीचे एक लहराती हुई काली लकीर दिखाई दे गयी।

"वह रस्सी ही है न?" उसने पूछा।

"हाँ, कोई पुरानी गली हुई रस्सी है", मैंने कहा।

वह मुस्कराया। "नहीं, वह रस्सी नहीं है। वह भी एक जीव-समूह है।"

"जीव-समूह?"

"हाँ, जीव-समूह," वह बोला। "इन्हें एसीडियन जर्म-परिवार कहते हैं। ये एक तरह की मछलियाँ हैं जो आपस में जुड़ी रहती हैं। ये रबड़ की तरह फैल सकती हैं, और काटने से ही अलग होती हैं। बाद में ये फिर उसी तरह जुड़ने और बड़ी होने लगती हैं।"

मैं ग़ौर से रस्सी को देखने लगा। प्राणि-विज्ञान का विद्यार्थी बोला, "यह समुद्र एक बहुत बड़ा जादूगर है। इसमें न जाने कितनी तरह के जादू छिपे हैं। रात को चाँद निकलने पर मैं आपको सोने-चाँदी और हीरे-मोतियों की मछलियाँ दिखाऊँगा।"

"सचमुच सोने-चाँदी की?"

वह हँसा और बोला, "असली सोने-चाँदी की नहीं,—केवल फ़ासफ़ोरस से चमकने वाली मछलियाँ।"

और पानी के जीवों के सम्बन्ध में और भी कितना कुछ वह मुझे बतलाता रहा। पर मेरा ध्यान थोड़ी देर में उसकी बातों से हटकर डेक की तरफ़ चला गया, क्योंकि वहाँ एक नवयुवक और एक नवयुवती के बीच हारमोनिका बजाने की प्रतियोगिता छिड़ गयी थी।

'साबरमती' का वह थर्ड क्लास का डेक किसी बड़े-से तबेले से कम नहीं था। सारे डेक पर एक सिरे से दूसरे सिरे तक बिस्तर-ही-बिस्तर बिछे थे जो सब एक-दूसरे से सटे हुए थे। कहीं दस व्यक्तियों के परिवार को केवल चार बिस्तर बिछाने की जगह मिली थी और वे उन चार बिस्तरों में ही घिचपिच होकर सोने जा रहे थे। जहाँ मैंने अपना बिस्तर बिछा रखा था, वहाँ असुविधा और ज़्यादा थी क्योंकि स्टीमर का माल उसी हिस्से से चढ़ाया और उतारा जाता था। मेरे बिस्तर के एक तरफ़ एक लम्बे-तगड़े पादरी साहब का बिस्तर था और दूसरी तरफ़ पाँच नमाज़ पढ़नेवाले एक मुसलमान सौदागर का। इस तरह मुझे दो धर्मों के बीच सैंडविच होकर रात बितानी थी। उस समय ज़्यादातर लोग अपने-अपने बिस्तरों पर ही बैठे थे। मेरी तरह कुछ थोड़े-से ही लोग थे जो एक तरफ़ तख़्ते पर बैठे दोनों दुनियाओं का मज़ा ले रहे थे।

हारमोनिका बजाने की प्रतियोगिता थोड़ी देर पहले शुरू हुई थी। नवयुवक एक तरफ़ के बिस्तरों का प्रतिनिधित्व कर रहा था, नवयुवती दूसरी तरफ़ के बिस्तरों का। पहले नवयवुती ने हारमोनिका पर एक फ़िल्मी धुन बजायी थी। उसके समाप्त होते-होते इधर से नवयुवक अपने हारमोनिका पर वही धुन बजाने लगा। उसके बजा चुकने पर इधर से उसे ज़ोर से दाद दी गयी। इस पर नवयुवती दूसरी धुन बजाने लगी। इस बार उसे उधर से जो दाद मिली, वह और भी ज़ोरदार थी। इससे यह प्रतियोगिता छिड़ गयी जो हारमोनिका की कम और दाद देने की प्रतियोगिता अधिक थी। जहाज़ के दूसरे हिस्सों से भी लोग आकर वहाँ जमा होने लगे थे। नवयवुक का पक्ष धीरे-धीरे बलवान् होता जा रहा था। अन्त में एक धुन बजाने पर उसे बहुत ही ज़ोर-शोर से दाद दी गयी, तो उसने खड़े होकर नवयुवती की तरफ़ देखते हएु अपने हैट को छूकर सलाम किया। इस पर उसे और भी ज़ोर से दाद दी गयी। नवयुवती ने उसके बाद और धुन नहीं बजायी।

स्टीमर कुछ देर के लिए कारवाड़ रुककर आगे बढ़ा, तो साँझ हो चुकी थी। पानी का रंग सुरमई हो गया था। दूर एक लाइट-हाउस की बत्ती दो बार जल्दी-जल्दी जलती फिर बुझ जाती। फिर दो बार जलती, फिर बुझ जाती। अँधेरा घिर रहा था। लाइट-हाउस से पीछे का आकाश रुपहला काला नज़र आने लगा था। आकाश के उस हिस्से के आगे लाइट-हाउस की बत्ती का जलना और बुझ जाना ऐसे लग रहा था जैसे कौंधती बिजली को एक मीनार में बन्द कर दिया गया हो और वह उस क़ैद से छूटने के लिए छटपटा रही हो—उसी तरह जैसे मलमल के आँचल में पकड़े जुगनू छटपटाते हैं। जिस द्वीप में लाइट-हाउस बना था, वह और उसके आस-पास के द्वीप स्याह पड़कर ऐसे लग रहे थे जैसे बाढ़ में डूबे बड़े-बड़े दुर्ग, या पानी के अन्दर से उठे जलचरों के देश।

पूर्वी आकाश में रात हो गयी थी और तारे झिलमिलाने लगे थे, पर पश्चिम की ओर अरब सागर के क्षितिज में अभी साँझ शेष थी। परन्तु साँझ के वे बादल जो कुछ देर पहले सुर्ख़ और ताँबई थे, और जिनके कारण सूर्यास्त सुन्दर लग रहा था, अब स्याही में घुलते जा रहे थे। समय साँझ के सौन्दर्य से आगे बढ़ आया था—रात के एक नये सौन्दर्य को जन्म देने के लिए।

स्टीमर बहुत डोल रहा था। डेक पर एक जगह से दूसरी जगह जाने के लिए कई-कई तरह नृत्य-मुद्राएँ बनाते हुए चलना पड़ता था। बहुत से लोग गोआ से अपने साथ छिपाकर शराब की बोतलें ले आये थे और उन्हे स्टीमर पर ही पी जाने की कोशिश में थे क्योंकि आगे भारतीय कस्टम्ज़ से फिर उन्हें छिपाने की समस्या थी। दो आदमी जो पी-पीकर धुत्त हो चुके थे, एक-दूसरे से और पीने का अनुरोध कर रहे थे। दोनों के दिमाग़ में यह बात समायी थी कि मुझे तो शराब चढ़ गया है, पर दूसरे को नहीं चढ़ी—इसलिए दूसरे को अभी और पीनी चाहिए। दोनों दलीलें दे-देकर एक-दूसरे को यह समझाने की चेष्टा कर रहे थे। एक को अपने कान जलते महसूस हो रहे थे, दूसरे को अपनी आँखें सुर्ख़ लग रही थीं। अन्त में दोनों ही अपने तर्क में सफल हुए क्योंकि दोनों ने और शराब ढाल ली। पास ही कुछ स्त्री-पुरुषों ने पीकर ताल देते हुए एक कोंकणी गीत गाना शुरू कर दिया था। ऐसे ही तरह-तरह के गीत स्टीमर के अलग-अलग हिस्सों में गाये जा रहे थे। मैंने कोशिश की कि कुछ देर सो रहूँ, पर एक तो वे आवाज़ें और दूसरे स्टीमर के डोलने का एहसास—मुझे ज़रा नींद नहीं आयी। कुछ देर लेटे रहने के बाद उठकर मैं फिर उसी तख़्ते पर जा बैठा। समुद्र में ज्वार आ रहा था। बड़ी-बड़ी लहरें किसी के उसाँस भरते वक्ष की तरह उठ-गिर रही थीं। जहाज़ के डोलने के साथ समुद्र की सतह के बहुत पास पहुँच जाना, फिर ऊपर उठना, और फिर नीचे जाना, बहुत अच्छा लग रहा था। बटकल में सामान उतारने के लिए जहाज़ तट से पाँच-छह मील इधर रुका और कुछ पाल वाले बेड़े सामान लेने के लिए वहीं आ गये। उनमें से एक का सन्तुलन ठीक नहीं था। हर ऊँची उठती लहर के साथ ऊपर उठकर जब वह नीचे आता, तो लगता कि बस अभी उलट जाएगा। सामान भरा जा चुका, तो वह उसी तरह एक तरफ़ को लचकता हुआ किनारे की तरफ़ बढ़ने लगा। मुझे हर क्षण लग रहा था कि वह अब उलटा कि अब उलटा। पर मल्लाहों को इसकी चिन्ता नहीं थी। मैं तो उनके ख़तरे से ख़ासी उत्तेजना महसूस कर रहा था और वे थे कि आराम से चप्पू चलाये जा रहे थे। जब बेड़ा जहाज़ के पीछे से घूमकर दूसरी तरफ़ पहुँच गया, तो मैं भी उसे देखने के लिए उधर चला गया। पर हुआ कुछ भी नहीं—बेड़ा लहरों पर उठता-गिरता और उसी तरह एक तरफ़ को झुककर पानी को चूमता हुआ किनारे की तरफ़ बढ़ता चला गया।

प्राणि-विज्ञान का विद्यार्थी शाम से ही सोने-चाँदी की मछलियाँ मुझे दिखाने के लिए परेशान था। स्टीमर के अलग-अलग हिस्सों में जाकर और अलग-अलग कोण से झाँककर वह कहीं पर उनकी झलक पा लेने का प्रयत्न कर रहा था। पर अन्त तक उसे सफलता नहीं मिली थी। लेकिन स्टीमर बटकल से चला, तो मेरे सामने सहसा चमकीले जीवों से भरी एक नदी-सी चली आयी। चाँद स्टीमर के इस तरफ़ आ गया था और जहाँ उसकी किरणें सीधी पड़ रही थीं, वहाँ असंख्य सुनहरी मछलियाँ काँपती दिखाई दे रही थीं। पर फ़ासफ़ोरस से चमकने वाली मछलियाँ वे नहीं थीं—लहरों पर चाँदनी के स्पर्श से बनती मछलियाँ थीं। आगे जहाँ स्टीमर की नोंक लहरों को काट रही थी, वहाँ फेन की एक नदी बन रही थी जो हलके आवर्तों में बदलकर पानी के मरुस्थल में विलीन होती जा रही थी।

रात के दो बज चुके थे। मैं उसी तरह तख़्ते पर बैठा था। ज़्यादातर लोग सो चुके थे। कुछ लड़के सोनेवालों के पास जा-जाकर ऊधम मचाते हुए नाविकों के गीत गा रहे थे।

मैं भी उठा और जाकर बिस्तर पर लेट गया। लड़कों के शोर के बावज़ूद वातावरण में एक निस्तब्धता प्रतीत हो रही थी। स्टीमर के इंजन का शोर भी जैसे शोर नहीं था। समुद्र का गर्जन भी उस निस्तब्धता का ही एक भाग था। सब-कुछ ख़ामोश था। स्वयं रात भी जैसे सो रही थी पर मेरी आँखों में नींद नहीं थी। मैं खुली आँखों से सिर पर झूलते आकाश को देख रहा था और सोच रहा था कि ऐसे में अपलक ऊपर को देखते जाना भी क्या एक तरह की नींद नहीं है?

## हुसैनी

हुसैनी एक ताश कम्पनी का एजेंट था जिससे मेरा परिचय स्टीमर पर हुआ।

स्टीमर की कैंटीन में मैं शाम को खाना खाने गया था। कैंटीन खचाखच भरी थी। जिस मेज़ पर मैं खाना खा रहा था, उस पर तीन व्यक्ति और थे। उनमें से जो व्यक्ति मेरे सामने बैठा था, वह इस सफ़ाई से चावलों के गोले बना-बनाकर फाँक रहा था कि उसके हस्त-लाघव पर आश्चर्य होता था। उसकी उँगलियाँ केले के पत्ते पर इस तरह चल रही थीं, जैसे उसका वास्तविक उद्देश्य पत्ते को चमका देना हो। शेष दोनों व्यक्ति आमने-सामने बैठे खाना खाने के साथ आपस में बात कर रहे थे—अगर एक के बोलने और दूसरे के सुनने को बात करना कहा जा सकता है। बोलने

वाला गोरे रंग और छरहरे शरीर का नवयुवक था जिसने पतली-पतली मूँछें शायद इसलिए पाल रखी थीं कि उसके चेहरे पर कुछ तो पुरुषत्व दिखाई दे। सुननेवाला छोटे क़द और साँवले रंग का व्यक्ति था जिसके चेहरे की हड्डियाँ बाहर को निकल रही थीं।

नवयुवक अपनी पतली उँगलियों से चावलों के गिने हुए दाने उठाकर मुँह में डालता हुआ सन्तति-निरोध पर भाषण दे रहा था। दूसरा व्यक्ति बीच में कुछ कहने के लिए उसकी तरफ़ देखता, पर फिर चुप रहकर उसे अपनी बात जारी रखने देता। नवयुवक काफ़ी उत्तेजित होकर कह रहा था कि एक आम हिन्दुस्तानी को बच्चे पैदा करने का कोई अधिकार नहीं है—उसका जीवन स्तर इतना हीन है कि आबादी बढ़ाने की जगह उसे दूसरी तरह के उत्पादनों में अपनी शक्ति लगानी चाहिए।

वह बीच में पानी पीने के लिए रुका, तो दूसरा व्यक्ति अपनी छोटी-छोटी आँखें उठाकर ध्यान से उसे देखता हुआ अपने बढ़े हुए दाँतों को उघाड़कर मुस्कराया और बोला, "तुम बहुत समझदारी की बात कह रहे हो बरख़ुरदार! तुम्हारी सूझ-बूझ देखते हुए मुझे तुमसे हसद हो रहा है।" कहते हुए उसकी आँखों में ख़ास तरह की चमक आ गयी। "तुम्हारा बाप बहुत ख़ुशक़िस्मत आदमी है जो तुम्हारे-जैसा होनहार, अक़्लमन्द और ख़ूबसूरत बेटा उसे मिला है। शुक्र है ख़ुदा का कि वह तुम्हारे बताये असूल पर नहीं चला। अगर वह भी इस असूल पर चला होता, तो कहाँ यह सूरत होती, कहाँ यह दिमाग़ होता और कहाँ ये अक़्ल की बातें होतीं!" अपनी बात पूरी करके वह एक बार खुलकर हँसा। मैं भी साथ हँस दिया। इस पर उसने मेरी तरफ़ देखकर सिर हिलाया और कहा, "क्यों साहब, क्या ख़याल है?"

यह हुसैनी से मेरे परिचय की शुरुआत थी।

कुछ देर बाद मैं डेक के तख़्ते पर बैठा समुद्र की तरफ़ देख रहा था, तो किसी ने पीछे से आकर मेरे कन्धे पर हाथ रखा। मैंने चौंककर उधर देखा, तो हुसैनी मुसकराता हुआ बोला, "क्यों साहब, अँधेरे में भी आइडिया चलता है क्या?"

मैं तख़्ते पर थोड़ा एक तरफ़ को सरक गया। वह पास बठता हुआ बोला, "अभी थोड़ी देर में चाँद निकलेगा, तब तो आइडिया अपने-आप चलेगा। मगर यार, अँधेरे में भी आइडिया चलाते जाना काफ़ी मुश्किल का काम है।" मैं एक लेखक हूँ, यह मैं पहले उसे बता चुका था।

"उसे कहाँ छोड़ आये?" मैंने पूछा।

"वह तो वहीं ट्रम्प हो गया था। उसके बाद नहीं मिला।"

और वह मुझसे बहुत घनिष्ठ ढंग से बात करने लगा। वह उन व्यक्तियों में से था जिनको दूसरों के साथ व्यवहार में किसी तरह का संकोच नहीं होता और जो दूसरे के मन में भी अपने प्रति किसी तरह का संकोच नहीं रहने देते। वह

बेतकल्लुफ़ी से अपना हाथ मेरे कन्धे पर चलाता हुआ मुझे बताने लगा कि जहाज़ के किस-किस हिस्से में स्त्रियों और पुरुषों के बीच क्या-क्या तमाशा चल रहा है। अचानक अपनी बात रोककर उसने मेरे कन्धे को ज़ोर से झिंझोड़ दिया और ऊपर टूरिस्ट क्लास के रेलिंग की तरफ़ इशारा किया। वहाँ से कुछ युवक-युवतियाँ नीचे डेक की तरफ़ झाँक रहे थे और साथ-साथ लगे बिस्तरों पर रिमार्क कसते हुए हँस रहे थे। एक युवक अपना कैमरा आँख से लगाकर तस्वीर का फ्रेम सेट कर रहा था।

"देखो ये साले कैसे एक्का-बादशाह-ग़ुलाम की बाज़ी खेल रहे हैं।" हुसैनी कुछ पल उनकी तरफ़ देखते रहने के बाद दाँत उघाड़कर बोला।

"एक्का-बादशाह-ग़ुलाम की बाज़ी?" बात मेरी समझ में नहीं आयी। उसकी भाषा के ज़्यादातर मुहावरे ताश से सम्बन्ध रखते थे जो उसकी अपनी ही ईजाद थे।

"फ़्लैश खेलते हो?" उसने पूछा।

मैंने सिर हिलाकर हामी भर दी।

"तो तुम समझ नहीं पाये कि एक्का-बादशाह-ग़ुलाम की बाज़ी का क्या मतलब है? तीन बड़ी-बड़ी तस्वीरें, पर कुल मिलाकर कुछ भी नहीं। बात करते हुए उसकी आँखों में फिर वही चमक आ गयी। "इन सालों की ज़िन्दगी भी बस ऐसी ही है। अपने हाथ-पल्ले कुछ है नहीं, हम दुक्के-चौके-पंजे वालों को अपना एक्का-बादशाह-ग़ुलाम दिखाकर रौब डाल रहे हैं। आख़िर हालत इनकी भी वही होगी जो दुक्के-चौके-पंजे वालों की। सिर्फ़ ये लोग ज़रा पिटकर अपनी जगह पर आएँगे!" और मेरे कन्धे को फिर से हाथ का निशाना बनाते हुए उसने कहा, "है नहीं ट्रम्प?"

"ट्रम्प तो ज़ोरदार है," मैंने कहा, "पर हर ट्रम्प इस तरह मेरे कन्धे पर मत लगाओ।"

"बातें तुम भी मज़ेदार करते हो," उसने हँसकर कहा और एक हाथ मेरे कन्धे पर और लगा दिया।

मंगलूर में हम एक ही होटल में ठहरे। वह एक छोटा-सा ब्राह्मण-होटल था। हुसैनी अक्सर वहीं ठहरता था। उस होटल में मैंने एक यज्ञोपवीत-धारी महाराज को हुसैनी का जूठा गिलास उठाते देखा, तो मुझे थोड़ा आश्चर्य हुआ। मेरा ख़याल था कि दक्षिण के ब्राह्मण बहुत कट्टर होते हैं और छुआछूत का बहुत ध्यान रखते हैं। पहले मैंने सोचा कि शायद महाराज को पता ही न हो कि हुसैनी मुसलमान है। पर थोड़ी देर में महाराज उसका नाम पुकारता हुआ आया, तो मुझे अपना ख़याल बदल लेना पड़ा।

उस एक-डेढ़ दिन में ही मैं हुसैनी के बारे में काफ़ी कुछ जान गया था। वह

कलकत्ता के नक़ली मोतियों के व्यापारी का लड़का था। शुरू में कई साल वह अपने पिता के साथ काम करता रहा था। पर एक बार जब पिता ने उससे लड़कर यह ताना दिया कि वह उन्हीं के आसरे रोटी खाकर जी रहा है, तो वह उसी समय दुकान से उतर आया और लौटकर वहाँ नहीं गया। तब वह अकेला नहीं था—उसकी पत्नी और दो बच्चे भी थे। उसे उनसे बहुत प्यार था और वह उनके लिए ज़्यादा-से-ज़्यादा सुविधाएँ जुटाना चाहता था। पर वह ज़्यादा शिक्षित नहीं था और न ही उसके पास अपना व्यापार करने के लिए पैसा था। कुछ दिन तो वह कलकत्ते में ही एक जगह नौकरी करता रहा जहाँ से महीने के उसे कुल साठ रुपये मिलते थे। उतने से रोटी का ख़र्च भी ठीक से नहीं चल पाता था। उसे यह देखकर दुःख होता था कि बच्चे दिन-ब-दिन पीले पड़ते जा रहे हैं और पत्नी का शरीर बाईस साल की उम्र में ही अपनी चमक खो रहा है। इसलिए जब ताश कम्पनी की यह नौकरी मिलने को हुई तो उसने बग़ैर शशोपंज के इसे स्वीकार कर लिया। इसमें वह कुल मिलाकर महीने में दो-सवा-दो सौ रुपये कमा लेता था। पर साल में ग्यारह महीने उसे सफ़र में रहना पड़ता था। कभी-कभी तो वह लगातार आठ-आठ महीने घर से बाहर रहता था। इसी वजह से यह काम उसे पसन्द नहीं था। वह हमेशा इस दुविधा में रहता था कि घर वालों के पास रहकर अभाव की ज़िन्दगी बिताना ज़्यादा अच्छा है, या उनसे दूर रहकर थोड़ी-बहुत सुविधाएँ जुटा पाना। उसकी पत्नी चाहती थी कि वह घर पर ही रहे—उन्हें चाहे कैसा भी जीवन व्यतीत करना पड़े। वह भी बहुत बार यही सोचता था, और दौरे के दिनों में इसका निश्चय भी कर लेता था। पर घर पहुँचकर देखता कि बच्चों का स्वास्थ्य पहले से अच्छा हो रहा है और पत्नी के शरीर में भी निखार आ रहा है, तो उसका मन फिर डाँवाडोल हो जाता। वह सोचता कि क्या यह उचित होगा कि वह अपनी तकलीफ़ से बचने के लिए बच्चों के स्वास्थ्य और पत्नी के सौन्दर्य को मिट्टी में मिल जाने दे? तब वह हर तरह के तर्क देकर और भविष्य की कई-कई योजनाएँ बनाकर फिर घर से निकल पड़ता। इस बार उसे कलकत्ते से चले लगभग चार महीने हो चुके थे। वापस लौटने से पहले अभी साढ़े तीन-चार महीने और उसे दक्षिण भारत में घूमना था।

"ऐसी ज़िन्दगी जीने के लिए सचमुच बहुत धीरज चाहिए," मैंने उसकी बात सुनकर कहा।

"पहले तो कई बार मन बहुत परेशान हो जाता," वह बोला। "पर अब मैंने अपने को ख़ुश रखने का एक तरीका सीख लिया है, और वह है ख़ुश रहना। जब कभी मन उदास होने लगता है, तो मैं जिस-किसी के पास जाकर मज़ाक़ की दो बातें कर लेता हूँ। वह मुझे हँसोड़ समझता है और मेरी तबीयत बहल जाती है। फिर भी कभी-कभी बहुत मुश्किल हो जाता है।"

हुसैनी की ख़ुशदिली में सन्देह नहीं था। उसे अपने आसपास हमेशा कुछ-न-कुछ ऐसा दिखाई दे जाता था जिस पर वह कोई चुस्त-सा फ़िकरा कस सके। शाम को मंगलूर में एक नया होटल खुल रहा था जिसका उद्घाटन करने मैसूर के राजप्रमुख आ रहे थे। जब राजप्रमुख की कार आयी, तो बाज़ार में कई व्यक्तियों की भीड़ कार के आसपास जमा हो गयी। हुसैनी मुझसे बोला, ''पता है ये लोग भाग-भागकर क्या देख रहे हैं? देख रहे हैं कि राजप्रमुख की कार भी पहियों पर ही चलती है या हवा में उड़ती है। जब देखते हैं कि उसके नीचे भी पहिये लगे हैं, तो बहुत हैरान होते हैं।''

''हँसने के लिए इनसान को कहीं जाने की ज़रूरत नहीं,'' उसने चलते हुए कहा। ''आज की दुनिया में इनसान को कहीं भी हँसने का सामान मिल सकता है। अगर मंगलूर का एक जौहरी अपनी दुकान में सोने-चाँदी के साथ मौसम्बियाँ भी बेचता है, तो सिर्फ़ इसीलिए कि मेरे-जैसा आदमी राह चलते रुककर एक बार ज़ोर से ठहाका लगा सके।''

मंगलूर में अधिकांश घर हरियाली के बीचोंबीच इस तरह बने हैं कि उसे एक उफान-नगर कहा जा सकता है। सुरुचि और सादगी, ये दोनों विशेषताएँ वहाँ के घरों में हैं। इससे साधारण से घर भी साधारण नहीं लगते। घूमते हुए हम लोग एक छोटी-सी पहाड़ी पर चले गये। वहाँ से शहर का रूप कुछ ऐसा लगता था जैसे घने नारियलों की एकतारन्यता को तोड़ने के लिए ही कहीं-कहीं सड़कें और घर बना दिये गये हों। दूर समुद्र की तट-रेखा दिखाई दे रही थी। मैं पहाड़ी के एक कोने में खड़ा देर तक शहर के सौन्दर्य को देखता रहा। शुरू से उत्तर भारत के घुटे हुए तंग शहरों में रहने के कारण वह सब मुझे बहुत आकर्षक लग रहा था। जब मैं चलने के ख़याल से वहाँ से हटा, तो देखा कि हुसैनी पहाड़ी के दूसरे सिरे पर जाकर एक पत्थर पर बैठा उदास नज़र से आसमान को ताक रहा है। उसका भाव कुछ ऐसा था कि मैंने सहसा उसे बुलाना ठीक नहीं समझा। क्षण-भर हुसैनी ने मेरी तरफ़ देखा और देखते ही आँखें दूसरी तरफ़ हटाकर बोला, ''तुम यहाँ से अकेले होटल वापस जा सकते हो?''

''क्यों,''

''तुम नहीं चल रहे?'' मैंने पूछा।

''मैं ज़रा देर से आऊँगा,'' वह उसी तरह आँखें दूर के एक पत्थर पर गड़ाये रहा।

''तो जब भी तुम चलोगे, तभी मैं भी चलूँगा,'' मैंने कहा। ''मुझे वहाँ जल्दी जाकर क्या करना है?''

''नहीं,'' वह बोला। ''अच्छा है तुम अकेले ही चले जाओ। मैं कह नहीं

सकता मुझे लौटने में अभी कितनी देर लगे।''

मुझे समझ नहीं आ रहा था कि उसका भाव एकाएक ऐसा क्यों हो गया है। पर मैंने उससे इस विषय में पूछना उचित नहीं समझा और उसे उसी तरह बैठे छोड़कर वहाँ से चला आया। होटल में आकर खाना खाया और फिर से घूमने निकल गया। जब वापस पहुँचा, तब भी हुसैनी नहीं आया था। मैं अपने कमरे में बैठकर कुछ देर एक उपन्यास के पन्ने पलटता रहा। दस बजे के क़रीब सोने से पहले मैंने फिर एक बार उसके कमरे की तरफ जाकर देख लिया। वह तब भी नहीं आया था। एक बार मन हुआ कि उसी पहाड़ी पर जाकर देख आऊँ, पर कुछ तो यह सोचकर कि इतनी रात तक वह वहाँ नहीं हो सकता, और कुछ आँखों में भरी नींद के कारण मैंने यह ख़याल छोड़ दिया और अपने कमरे में आकर लेट गया। लेटने पर कुछ देर लगता रहा कि मेरा पलँग स्टीमर की तरह डोल रहा है। फिर धीरे-धीरे मुझे नींद आ गयी।

मुझे सोये अभी थोड़ी ही देर हुई थी, जब दरवाज़े पर हल्की दस्तक सुनाई दी। मैं चौंककर उठ बैठा। बत्ती जलाकर दरवाज़ा खोला, तो सामने हुसैनी खड़ा था।

उसका चेहरा काफ़ी बदला हुआ था। आँखें लाल थीं और भाव ऐसा जैसे किसी अपराध में पकड़े जाने पर बाँह छुड़ाकर भाग आया हो। मैंने सोचा कि वह शायद शराब पीकर आया है। पर वह शराब पीकर नहीं आया था।

''माफ़ करना, मैंने तुम्हारी नींद ख़राब की है,'' उसने ओछा पड़ते हुए कहा। ''वैसे माफ़ी तो मुझे उस वक़्त के लिए भी माँगनी चाहिए, पर इस तरह तकल्लुफ़ बरतने लगूँगा तो असली बात पर नहीं आ सकूँगा। मैं इस वक़्त तुमसे एक मदद चाहता हूँ।''

''बताओ, क्या बात है?'' मैं बाहर निकल आया। ''तुम ऐसे क्यों हो रहे हो?''

''ख़ास बात कुछ भी नहीं है। तुम कपड़े बदल लो और मेरे साथ कुछ दूर घूमने चलो।''

''बस इतनी-सी ही मदद चाहिए?''

''हाँ, तुम इतनी-सी ही समझ लो।''

मैंने कपड़े पहनकर दरवाज़े को ताला लगाया और उसके साथ चल पड़ा। सड़क पर आकर वह बोला, ''बताओ, किस तरफ़ चलें?''

मैं बिल्कुल नहीं समझ पा रहा था। वह ख़ुद तो मुझे लेकर आया था और मुझी से पूछ रहा था—''किस तरफ़ चलें।''

''तुम जिस तरफ़ भी चलना चाहो,'' मैंने कहा।

''नहीं,'' वह बोला। तुम जिस तरफ़ कहो, उसी तरफ़ चलते है। मैं इस

वक़्त तुम्हारी मरज़ी से चलना चाहता हूँ। मेरी अपनी मरज़ी कुछ नहीं है।''

''तो किसी पार्क में चलें?''

''तो ठीक है किसी पार्क में चलते हैं। यहाँ के रास्ते मैं नहीं जानता, इसलिए ले चलना तुम्हीं को होगा।''

कुछ देर हम चुपचाप चलते रहे। उस-जैसा जीवन व्यतीत करनेवाले व्यक्ति की ऐसी मन:स्थिति अस्वाभाविक नहीं था। परन्तु किस विशेष कारण से वह एकाएक ऐसा हो गया है, उसका मैं अनुमान नहीं लगा पा रहा था।

पार्क में पहुँचकर हम एक जगह घास पर बैठ गये। मैंने उससे कुछ नहीं पूछा। कुछ देर बाद वह ख़ुद ही बोला, ''देखो दोस्त, मेरे इस अटपटेपन का बुरा नहीं मानना। मैं रास्ते में सोचता आ रहा था कि तुम मुझसे इस सनक की वजह पूछोगे, तो मैं क्या बताऊँगा। असल बात मैं नहीं बताना चाहता था। पर तुमने कुछ नहीं पूछा, इसलिए मैं अब तुमसे वह बात छिपाकर नही रख सकता।''

वह बाँहें पीछे फैलाकर बैठ गया। आँखें उस कोण पर रखकर जहाँ से कि वह मेरे सिर से ऊपर-ही-ऊपर देख सकता था, धीरे-धीरे कहने लगा, ''तुमने देखा था उस वक़्त पहाड़ी पर बैठे हुए मेरी तबीयत एकाएक बहुत उदास हो गयी थी। वैसे यह कोई नयी चीज़ नहीं है, बहुत बार मेरे साथ ऐसा होता है। जब मुझे घर से निकले दो-तीन महीने हो जाते हैं, तो अक़्सर इस तरह के मौक़े आने लगते हैं। मेरा काम घूमकर ऑर्डर लेने का है और जिस किसी शहर में मैं जाता हूँ, वहाँ चार-पाँच बजे तक सौदागरों से मिलकर अपना काम पूरा कर लेता हूँ। शाम को मैं बिल्कुल अकेला पड़ जाता हूँ, और अकेला ही कहीं इधर-उधर घूमने निकल जाता हूँ।''

उसने आँखें एक बार नीचे लाकर मुझे देखा, फिर उन्हें उसी कोण पर रखकर बोला, ''ऐसे में मेरी हमेशा यही कोशिश रहती है कि मैं लोगों के बीच में रहूँ, किसी ऐसी ही जगह जाऊँ जहाँ चार आदमी और भी हों। पर कभी-कभी जान-बूझकर मैं किसी अकेली जगह पर चला जाता हूँ, और वहाँ यही उदासी मुझे घेर लेती है। क्यों मेरी ऐसी ख़्वाहिश होती है और क्यों मैं जान-बूझकर ऐसी जगह जाता हूँ, मैं नहीं जानता। शायद ऐसे मौक़े पर उदास होकर ही मुझे कुछ राहत मिलती है। मैं बैठकर कई-कई घंटे सोचता रहता हूँ और सोचते हुए मुझे लगता है कि मेरी ज़िन्दगी का कोई मतलब नहीं है। मैं रात-दिन बसों-गाड़ियों में सफ़र करता हूँ, घटिया होटलों का गन्दा खाना खाता हूँ, और मेरे नसीब में इतना सुख भी नहीं बदा कि अपनी शामें ही चन्द दोस्तों या अपने घर के लोगों के बीच बिता सकूँ। बीवी-बच्चों की मुहब्बत भी मेरे लिए जैसे एक ख़याली-सी चीज़ है। और इस सबके बारे में सोचते हुए मन इतना परेशान हो उठता है कि मैं अपने-आपसे भाग खड़ा होना चाहता हूँ। आज शाम उस पहाड़ी पर बैठा हुआ मैं यही सोच रहा था कि

शाम-भर के लिए एक आदमी को मैं अपना साथी बनाता हूँ, उसके साथ कुछ वक़्त बिताकर मुझे ख़ुशी हासिल होती है, पर आनेवाली दूसरी शाम के लिए मैं उसके साथ की उम्मीद नहीं कर सकता। आज तुम मेरे साथ हो, पर कल मैं चिकमंगलूर चला जाऊँगा और तुम कनानोर। एक बार की बात हो तो आदमी बर्दाश्त भी कर ले। पर मेरी तो रोज़-रोज़ की ज़िन्दगी ही यह है। इसके अलावा...।''

उसने फिर एक बार मेरी तरफ़ देखा और पलकें झुकाकर घास पर आँखें टिकाये बोला, ''इसके अलावा एक बात और भी है। मैं अपनी बीवी से बहुत मुहब्बत करता हूँ और जानता हूँ कि वह भी मुझसे उतनी ही मुहब्बत करती है। फिर भी...।''

वह बोलते-बोलते रुक गया। मैं चुप रहकर उसकी तरफ़ देखता रहा। कुछ देर असमंजस में रहकर कि आगे बात करें या नहीं, वह बोला, ''तुम समझ ही सकते हो इतना-इतना अरसा घर से दूर रहकर आदमी कैसा महसूस कर सकता है—ख़ास तौर से जब उसे इस तरह की अकेली ज़िन्दगी बसर करनी पड़ती हो। मुझे कभी-कभी अपनी नसों में एक तूफ़ान-सा उठता महसूस होता है। उस वक़्त मुझे लगता है कि मेरी सूरत एक पागल की-सी नज़र आ रही होगी। मेरे मन में कई तरह के ख़याल उठने लगते हैं। कभी सोचता हूँ कि यह सिर्फ़ एक जिस्मानी ज़रूरत है जिसे पूरी कर लेने में कोई हर्ज नहीं। फिर सोचता हूँ कि जिस्मानी ज़रूरत सिर्फ़ मरद को ही नहीं, औरत को भी तो उसी तरह महसूस होती है। ऐसे में मेरे मन में यह सवाल शैतान की तरह सिर उठाने लगता है कि जब मरद के लिए इस ज़रूरत पर क़ाबू पाना इतना मुश्किल है, तो औरत के लिए भी क्या वैसा ही नहीं होगा? और तब मेरे दिमाग़ पर हथौड़े चलने लगते हैं कि मुझे क्या पता है, मैं कैसे कह सकता हूँ? मैं जानता हूँ कि यह फ़क़त मेरे अन्दर की कमज़ोरी है। मेरी बीवी मुझसे बेहद प्यार करती है और जब भी मैं घर जाता हूँ, हमेशा यही कहती है कि मैं यह नौकरी छोड़ दूँ, और बच्चों के पास घर पर ही रहूँ। फिर भी मैं अपने वहम से बच नहीं पाता। मैं जितना अपने को ऐसे ख़यालात के लिए कोसता हूँ, ये उतना ही मुझे और तंग करते हैं।

''आज तुम्हारे चले आने के बाद मैं काफ़ी देर वहाँ बैठा रहा। यही परेशानी फिर मेरे दिमाग़ में घर किये थी। जब वहाँ से चला, तो ख़याल था कि खाने के वक़्त तक होटल में पहुँच जाऊँगा। पर रास्ते में एक आदमी धीमी आवाज़ में कुछ कहता मेरे पास से निकला। मैं समझ गया कि वह किसी छोकरी का दलाल है। अपने दिमाग़ पर से मेरा क़ाबू उठने लगा। मैंने रुककर पीछे की तरफ़ देखा। वह आदमी लौटकर मेरे पास आ गया। मैंने उससे बात की। वह कहने लगा कि एक प्रायवेट लड़की है, पाँच रुपये लेगी। मैं उसके साथ चल दिया। वह मुझे कई सड़कों से

घुमाकर एक कच्चे रास्ते से नीचे ले गया। वहाँ दो-तीन झोंपड़ियाँ थीं। उनमें से एक के अन्दर हम पहुँच गये। अन्दर लालटेन की रोशनी में एक जवान औरत अपने बच्चे को खाना खिला रही थी। मुझे देखकर वह उठ खड़ी हुई। वह आदमी अपनी ज़बान में उससे बात करने लगा। पर तभी मेरी आँखों के सामने अपने घर का नक्शा घूम गया। मुझे ख़याल आने लगा कि मेरी बीवी तो शायद इस वक़्त वहाँ ख़ुदा से मेरी सलामती की दुआ माँग रही होगी, और मैं यहाँ इस तरह अपने को ज़लील करने जा रहा हूँ। फिर मैंने उस घर की मुफ़लिसी को देखा और मुझे अपने मुफ़लिसी के दिन याद आने लगे। मेरे साथ आया दलाल बच्चे को और उसकी थाली को उठाकर बाहर जाने लगा, तो मैंने उससे कहा कि वह बच्चे को वहीं रहने दे—पहले बाहर चलकर मेरी बात सुन ले। वह इससे थोड़ा हैरान हुआ,पर बिना कुछ कहे मेरे साथ बाहर आ गया। बाहर आकर मैंने उससे कहा कि मुझे वह लड़की पसन्द नहीं है और कहते ही झट से वहाँ से चल पड़ा। वह आदमी पक्की सड़क तक मेरे पीछे-पीछे आया। कहता रहा कि मैं पाँच नहीं देना चाहता तो चार ही रुपये दे दूँ, चार नहीं तो तीन ही दे दूँ—पर मैंने उसे कोई जवाब नहीं दिया।

''पक्की सड़क पर आकर मैं बिना रास्ता जाने एक तरफ़ को चलने लगा। मेरा पहले भी ऐसे दलालों से वास्ता पड़ा है, पर मेरा ख़ुदा जानता है कि पहले कभी मैं इस हद तक आगे नहीं गया। मैंने उसे कोई जवाब नहीं दिया, तो वह आदमी नाराज़ होकर लौट गया। मुझे उस वक़्त अपने से नफ़रत हो रही थी। सोच रहा था कि अगर मेरी ज़िन्दगी भी उसी मुफ़लिसी और तंगहाली में बीतती, तो क्या कहा जा सकता है कि मेरे घर में आज क्या हो रहा होता? अब चाहे कितनी भी परेशानी है, पर वह तंगहाली तो नहीं है। किसी तरह शराफ़त की ज़िन्दगी तो जी रहे हैं। लेकिन कुछ दूर आकर मेरे दिमाग़ में फिर वही बात सिर उठाने लगी कि आख़िर मैं उस हद को हाथ तो लगा ही आया हूँ—क्या मर्द जिस हद तक जा सकता है, औरत उस हद तक नहीं जा सकती? इससे फिर वही ख़याली बवंडर मेरे दिमाग़ में उठने लगा कि मुझे क्या पता है, मैं कैसे कह सकता हूँ? तब मेरा मन होने लगा कि लौट चलूँ। अभी थोड़ा ही रास्ता आया हूँ, लौटकर वह घर ढूँढ़ सकता हूँ। एक बार मेरे क़दम उस तरफ़ को मुड़े भी। पर तभी मैंने एक गुज़रते ताँगे को रोक लिया और उसे अपने होटल का नाम बता दिया। ताँगे में बैठे हुए भी मन होता रहा कि उसे रोककर उतर जाऊँ, या वापस उसी तरफ़ ले चलूँ। पर ताँगा धीरे-धीरे दूर निकल आया और कुछ ही देर में होटल के बाहर आ उतरा।

''होटल में आकर भी मैं अपने दरवाज़े के बाहर खड़ा एक मिनट सोचता रहा। एक मन था कि दरवाज़ा न खोलूँ और वापस चला जाऊँ। वह घर नहीं तो और घर सही। पूछनेवाले कई दलाल मिल जाएँगे। पर दूसरा मन मुझे धकेलकर तुम्हारे

दरवाज़े के बाहर ले गया और मैंने दरवाज़ा खटखटा दिया। उसके बाद से तुम्हारे साथ हूँ।''

उसकी आँखों में उस घटना की छाया अब भी मँडरा रही थी। मैं उसका ध्यान बँटाने के लिए और-और विषयों पर बात करने लगा।

हम काफ़ी देर वहाँ बैठे रहे। उससे पहली रात स्टीमर में ठीक से नहीं सो पाया था, इसलिए मेरी आँखें नींद से झिपी जा रही थीं। कुछ देर बाद उसे थोड़ा स्वस्थ पाकर मैंने उससे वापस चलने का प्रस्ताव किया। हुसैनी आँखें झपकाता चुपचाप उठ खड़ा हुआ और मेरे साथ चल दिया। रास्ते में वह मुझसे थोड़ा आगे-आगे चलता रहा—जैसे कि अब भी अपना पीछा करती किसी चीज़ से बचना चाह रहा हो।

सुबह जब मैं सोकर उठा, ग्यारह बज चुके थे। हुसैनी नहाकर गुसलख़ाने से लौट रहा था। मुझे देखकर वह मुस्करा दिया। उसके चेहरे पर हमेशा का ख़ुशदिली का भाव लौट आया था।

''नींद पूरी हो गयी?'' खिड़की के जँगले से अन्दर देखते हुए उसने पूछा।

''हाँ, हो ही गयी।''

''तो नहाकर तैयार हो जाओ। आज मैं तुम्हारी दावत कर रहा हूँ।''

मैं पल-भर उसे देखता रहा। फिर मैं भी मुस्करा दिया। ''उन पाँच रुपयों की?'3 मैंने पूछा।

''नहीं,'' वह अपने उभरे दाँत उघाड़कर बोला। ''वे पाँच रुपये तो मिठाई के लिए घर बीवी को भेज रहा हूँ। दावत का एक रुपया तुम्हारा नज़राना है। नहा लो, तो उधर मेरे कमरे में आ जाना।'' और आँखों में वही अपनी ख़ास चमक लाकर मुस्कराता हुआ वह खिड़की के पास से हट गया।

हुसैनी जो बात कह गया था, उससे मुझे मोपासाँ की कहानी 'सिग्नल' का अन्त याद हो आया और मैं मन-ही-मन मुस्करा दिया। पर सोचा कि हुसैनी ने वह कहानी भला कहाँ पढ़ी होगी!

## समुद्र-तट का होटल

दूसरे दिन मैंने मंगलूर से कनानौर (कण्णूर) की गाड़ी पकड़ ली। शिमला में जिस व्यक्ति ने मुझ कनानौर में रहने की सलाह दी थी, उसने यह भी कहा था कि वहाँ समुद्र-तट पर एक छोटा-सा होटल है जो काफ़ी सस्ता है और कि वहाँ के डाइनिंग हॉल में बैठकर चाय पीते हउु आदमी समुद्र के क्षितिज से गुज़रते जहाज़ों को देख सकता है। मेरे दिमाग़ में वह नक्शा इस तरह से जमा था कि वहाँ पहुँचने से पहले ही मैं अपने को उस रूप में वहाँ बैठे और चाय की चुस्कियाँ लेते देख रहा था।

मंगलूर से कनानौर तक की यात्रा में मैंने देखा कि रेल की पटरी के दोनों ओर थोड़े-थोड़े अन्तर पर बने घरों की शृंखला इस तरह चली चलती है कि तय नहीं किया जा सकता कि एक बस्ती कहाँ समाप्त हुई और दूसरी कहाँ से शुरू हुई। सारा प्रदेश ही जैसे एक बहुत बड़ा गाँव है जिसमें नारियल के पेड़ों से घिरे छोटे-छोटे घर एक-दूसरे से थोड़े-थोड़े फ़ासले पर बने हैं। बीच में खेत हैं। कहीं खेतों में (शायद पक्षियों को डराने के लिए) बाँस पर लटकाया गया कपड़े का गुड्डा दिखाई दे जाता, कहीं कोई ग्राम-देवता और कहीं बिजली के तारों पर बैठे तोतों की पंक्तियाँ। जब गाड़ी समुद्र-तट के साथ-साथ चलती, तो समुद्र पर उड़ते कडल काक (सीगल) और दूसरे पक्षी ध्यान खींच लेते। एक घर के बाहर लगी दीवार घड़ी, नेत्रावली नदी का नन्हा-सा हरा-भरा द्वीप, बैक वार्टर्ज़ में किनारे के पास एक-एक फ़ुट पानी में पेट के बल लेटकर बात करते नवयुवक, छतरियों-जैसी टोपियाँ पहने नाविक, टोकरियाँ उठाये खेतों में से गुज़रती नवयुवतियाँ...चलती गाड़ी से दिखते इस साधारण जीवन में भी मुझे एक असाधारणता प्रतीत हो रही थी—क्योंकि मेरी दृष्टि एक निवासी की नहीं, एक यात्री की थी।

कनानोर, पहुँचने पर पता चला कि वहाँ समुद्र-तट पर एक ही होटल है—चोईस। मैं स्टेशन से सीधा वहीं चला गया। वह एक यूरोपियन होटल था, जहाँ अक्सर रिटायर्ड यूरोपियन अफ़सर अपनी खोयी हुई सेहत वापस लाने के लिए हफ़्ता-हफ़्ता दो-दो हफ़्ते आकर ठहरते थे। वहीं से पता चला कि समुद्र-तट पर एक और होटल भी था (और शायद उसी के विषय में मुझे बतलाया गया था) जो दो साल पहले बन्द हो चुका था। चोईस काफ़ी महँगा होटल था और मैं अपने दो महीने के बजट से वहाँ कुल बीस दिन रह सकता था। पर मैंने उस समय वहाँ एक कमरा ले लिया। सोचा कि आगे की बात चाय पीकर आराम से तय करूँगा।

चोईस होटल ठीक वैसी जगह नहीं था जैसी मैं चाहता था। वह खुले बीच पर नहीं, तट के ऊँचे कगार पर बना था। आगे एक छोटा-सा लॉन था, जिसकी मुँडेर

के पास खड़े होकर नीचे समुद्र की तरफ़ झाँका जा सकता था। पर मैं ऐसी जगह चाहता था जहाँ से सीधे जाकर समुद्र की लहरों को अपने पर लिया जा सके और जिसकी सीढ़ियों पर बैठकर अपनी ओर बढ़ते ज्वार की प्रतीक्षा की जा सके।

चोईस में अपने कमरे के बरामदे में बैठकर चाय पीते हुए भी मैं आगे के लिए कुछ निश्चय नहीं कर सका। दुविधा थी कि क्या पता है और कहीं जाकर भी वैसी ही समस्या का सामना नहीं करना पड़ेगा? आख़िर सोचा कि थोड़ी देर बाहर घूम जाऊँ—आकर तय करूँगा कि कल की क्या योजना होगी।

होटल से सटा हुआ एक यूरोपियन क्लब था। क्लब के इस तरफ़ थोड़े-से घर थे और खुला कगार। मैं टहलता हुआ कगार के सबसे ऊँचे हिस्से पर चला गया। वहाँ एक चट्टान पर खड़े होकर देखा कि तीस-चालीस फ़ुट नीचे खुला बीच है जो दूर तक चला गया है। एक छोटा-सा बीच बायीं ओर भी है। बड़े बीच पर बहुत-से लोग थे। छोटे बीच पर एक यूरोपियन परिवार के पाँच-छह लोग स्विमिंग् कास्ट्यूम पहने लहरों में उछल-कूदकर रहे थे। उतनी ऊँचाई से उस दृश्य को देखना ज़मीन से ऊपर उठकर ज़मीन को देखने की तरह था। दूर एक जहाज़ समुद के अर्द्ध गोलाकार क्षितिज पर दायीं ओर से दाख़िल हो रहा था। वह भी जैसे मुझसे नीचे की दुनिया के रंगमंच पर ही चल रहा था। छपाक—एक लहर कगार की चट्टानों से ज़ोर से टकरायी। मैं नीचे बड़े बीच पर जाने के लिए चट्टानों पर से कूदने लगा।

''कोब्रा!'' दो चट्टानें उतरते ही किसी को कहते सुना। जिस चट्टान पर मैं था, उससे थोड़ा हटकर साथ की चट्टान पर एक साँप रेंग रहा था। कई लोग से दूर उसे देख रहे थे। वह गहरे मोतिया रंग का साँप था। शरीर पर काले रंग की हल्की-हल्की धारियाँ। वह बहुत सतर्क होकर चल रहा था—शायद मन में वह आसपास से सुनाई देती आवाज़ों से आतंकित था। मैं अपनी चट्टान पर जहाँ का तहाँ रुककर उसे देखता रहा। उसका शरीर चट्टान पर उसी तरह बहता लग रहा था जैसे बने हुए रास्ते पानी की पतली धार। रास्ते का निर्णय करने के लिए उसका फण ज़रा-सा मुड़ता, फिर बाक़ी शरीर उसी रास्ते से निकल जाता। एक लड़के ने उसकी तरफ़ पत्थर फेंका। उसने एक बार फण उठाया, पर अगले ही क्षण दो चट्टानों के बीच की मिट्टी में गुम हो गया।

मैं फिर चट्टानों पर से कूदने लगा, और दिमाग़ में साँप की सी सतर्कता लिये एक पोखर पर बने टूटे पुल से होकर बीच पर पहुँच गया।

सामने समुद्र की लहरें बड़ी-बड़ी शार्क मछलियों की तरह सिर उठा रही थीं। कुछ मछुए साथ मिलकर दो डूँगों को पानी की तरफ़ धकेल रहे थे। डूँगे धीरे-धीरे सरक रहे थे और रेत पर गहरी लकीरें खिंचती जा रही थीं। एक डूँगा पानी में

पहुँच गया और सामने से आती लहर पर सवार होकर परे निकल गया। फिर दूसरी लहर पर सवार होकर काफ़ी आगे चला गया। दूसरा डूँगा भी तब तक पानी में पहुँच गया था। वह एक पिछड़े साथी की तरह तेज़ी से लहरों को पार करता कुछ पलों में ही पहले डूँगे को पीछे छोड़कर आगे बढ़ गया।

ऊपर कगार की चट्टानों पर कुछ लोग खड़े हुए थे जिनकी आकृतियाँ सूर्यास्त की झिलमिल में स्याह पत्थर की मूर्त्तियों-जैसी लग रही थीं। बीच से देखने पर अब मुझे ऊपर की दुनिया अपने से दूर और अलग प्रतीत हो रही थी। कुछ लोग चट्टानों पर से कूदते हएु नीचे आ रहे थे। मेरा मन हुआ कि मैं फिर से ऊपर चला जाऊँ और फिर से उसी तरह कूदता हुआ नीचे आऊँ। परन्तु मैं उस समय नंगे पैर टख़ने-टख़ने पानी में खड़ा था और लहरों के लौटने पर पैरों के नीचे से सरकती रेत शरीर में एक चुनचुनाहट भर रही थी। इसलिए मैं उसी तरह वहाँ खड़ा स्पर्धा से लोगों को चट्टानों से कूदकर आते देखता रहा।

पानी में सूर्यास्त के कई-कई हल्के-गहरे रंग झिलमिला रहे थे। ताँबई, बैंजनी, कत्थई। किनारे की तरफ़ आती हर लहर के आगे झाग की सफ़ेद जाली बन जाती थी जो लहर के लौट जाने पर भी कुछ देर बनी रहती थी। बढ़ता पानी सूखी रेत को भिंगो जाता,परन्तु पानी के लौटते ही रेत फिर सूखने लगती। पानी उसे फिर भिंगो जाता और कितने ही केंकड़े उछलते हुए आकर रेत में सूराख़ करके उनमें दुबक जाते। टिर-री, टिर-री—यह स्वर सारे वातावरण में फैल रहा था। मुझे लगा कि वास्तव में ऐसे ही समय और वातावरण को साँझ कहा जा सकता है। दिल्ली-जैसे शहर में कभी साँझ नहीं होती। वहाँ समय के केवल दो ही चेहरे होते हैं—दिन और रात। या एक ही चेहरा—आधा स्याह, आधा सफ़ेद।

एक बूढ़ा लुँगी पर पेटी बाँधे, सिगरेट सुलगाये, छड़ी हिलाता टखने-टखने पानी में चल रहा था। कुछ लड़कियाँ अपने पेटीकोट पिंडलियों तक उठाकर किनारे की ओर आती लहरों के ऊपर से उछल रही थीं। उधर छोटे बीच की तरफ़ से यूरोपियन परिवार के किलकारने की आवाज़ें आ रही थीं।

मैं सोच रहा था कि बजट का चाहे जो हो, मैं कुछ दिन ज़रूर कनानौर में रहूँगा।

वापस होटल में पहुँचा, तो देखा कि मेरे आसपास के दोनों कमरे उस बीच लग गये हैं। वे दोनों कमरे एक ही परिवार ने ले लिये थे। उस समय लॉन में पति-पत्नी अपने चार बच्चों के साथ 'दाई-छू' खेल रहे थे। सामने के कमरे में एक बूढ़ी मेम, जो गठिये की मरीज़ थी, अपनी नौकरानी के साथ ठहरी थी। वह अपने कमरे के बाहर खड़ी ज़ोर-ज़ोर से चिल्लाकर उन लोगों को शाबाशी दे रही थी।

रात को वह बूढ़ी मेम अपनी नौकरानी के साथ उन लोगों के यहाँ ताश खेलने

आ गयी। मुझे हर दो मिनट के बाद उसकी चीख़ती आवाज़ में 'गुड ग्रेशस', 'ओ माई लॉर्ड' और 'वट ए हैंड'-जैसे शब्द और एक मोटी धार के पाइप के सहसा खुलकर बन्द हो जाने-जैसी हँसी सुनाई देने लगी, तो मैंने सोचा कि वहाँ रहकर अपना बजट ख़राब करने का कोई मतलब नहीं—मुझे चुपचाप बिस्तर बाँधकर अगली सुबह वहाँ से चल देना चाहिए।

## पंजाबी भाई

परन्तु अगले दिन वहाँ सेवॉय होटल में मैंने महीने-भर के लिए जगह ले ली—तीस रुपये में तीस दिन के लिए उतनी अच्छी जगह कहीं भी मिल सकती है, इसकी मैं कल्पना तक नहीं कर सकता था। सेवॉय होटल समुद्र-तट पर नहीं था, पर तट के बहुत पास ही था। उसमें ख़ूब खुले बरामदे और बड़े-बड़े लॉन थे जिनमें दिन-भर हवा आवारा घूमती थी। इतनी सस्ती जगह होने पर भी वहाँ रहनेवाले लोग थोड़े से ही थे, इसलिए दिन-भर वहाँ का वातावरण शान्त रहता था। किसी ज़माने में वह होटल ख़ूब चलता था और काफ़ी महँगा भी था। परन्तु स्वतन्त्रता के बाद वहाँ आकर रहनेवालों की संख्या बहुत कम हो गयी थी, इसलिए वहाँ से खाने का प्रबन्ध हटा दिया गया था, और कमरे महीने के हिसाब से किराये पर दिये जाने लगे थे।

सेवॉय में आने की अगली सुबह बैठकर कुछ लिख रहा था, जब एक लम्बा-सा युवक दरवाज़े के बाहर आ खड़ा हुआ।

"हलो," उसने कहा।

मैंने उसकी बेतकल्लुफ़ी से चौंककर उसकी तरफ़ देखा। वह पाजामा-कुरता पहने ढीले-ढाले ढंग से खड़ा मुस्करा रहा था।

"आइए," मैंने अनिच्छापूर्वक कुर्सी से उठते हुए कहा।

वह दहलीज़ तक आ गया। बोला, "आप शायद कल ही आये हैं!"

"जी हाँ, कल ही आया हूँ," मैंने कहा।

"मैंने रात को कमरे की बत्ती जलती देखी थी," कहते हुए उसने दहलीज़ पार कर ली। "मुझे ख़ुशी हुई कि चलो होटल का एक कमरा और आबाद हो गया है। वैसे तो यह होटल सुनसान पड़ा रहता है। आपने देखा ही होगा।"

"फिर भी, मुझे जगह बहुत पसन्द है," मैंने दूरी बनाये रखते हुए कहा। "काफ़ी खुली और एकान्त जगह है। मैं अपने लिए ऐसी ही जगह खोज रहा था।"

"आप इधर के रहनेवाले तो नहीं लगते," वह अब और आगे आकर मेरे सामने की कुर्सी को पीठ से हिलाने लगा।

"जी नहीं, मैं उत्तर से आया हूँ," मैंने कहा।

"उत्तर के किस इलाक़े से?" और वह कुर्सी के आगे आ गया। मुझे लगा कि अब अगला सवाल पूछने तक वह जमकर कुर्सी पर बैठ जाएगा।

"मैं पंजाब का रहनेवाला हूँ," मैंने कहा।

सहसा उसकी दोनों बाँहें फैल गयीं और वह, "अच्छा, तुसी साडे पंजाबी भरा ओ!" कहता हुआ मेज़ के गिर्द से आकर मुझसे लिपट गया।

साँस रोककर मैंने आलिंगन के वे क्षण बीत जाने दिये। मेरे गिर्द से बाँहें हटाकर उसने मेरा हाथ मज़बूती से अपने हाथ में ले लिया और कहा कि परदेश में एक 'पंजाबी भरा' का मिल जाना उसकी नज़र में 'रब' के मिल जाने से कम नहीं है।

"कुछ दिन रहेंगे न यहाँ?" उसने ऐसे पूछा जैसे कि मैं उसी के पास मेहमान बनकर ठहरा होऊँ।

"हाँ, महीना-बीस दिन तो रहूँगा ही," मैंने कहा।

"यह तो बहुत ही अच्छी बात है," वह बोला। "मैं चार-पाँच रोज़ में वापस पंजाब जा रहा हूँ। मगर जितने दिन यहाँ हूँ, उतने दिन मेरे लिए कोई भी सेवा हो, तो बताने से संकोच न करें। दास हर वक़्त हर सेवा के लिए हाज़िर है।"

"देखिए, कोई ऐसी ज़रूरत हुई तो ज़रूर बताऊँगा," मैंने कहा।

"मैं यहाँ एक साल से हूँ। हैंडलूम का व्यापार करने आया था..." कहता हुआ वह कुर्सी पर बैठ गया और मुझे शुरू से अपना इतिहास सुनाने लगा। मैंने अपने काग़ज़ हटाकर एक तरफ़ रख दिये और हथेलियों पर चेहरा टिकाये सामने बैठकर उसकी बात सुनने लगा। वह घंटा-भर गला थकाकर मुझे बतला गया कि उसका नाम नन्दलाल कपूर है, उसका घर लुधियाना में है, उसके दो बच्चे हैं और दोनों ही बहुत ख़ूबसूरत हैं क्योंकि दोनों उसी पर गये हैं, उसकी बीवी उसकी पसन्द की नहीं है, हैंडलूम का बाज़ार बहुत मन्दा है, कनानोर में साँप बहुत निकलते हैं, मलयालम में अंडे को मुट्टा कहते हैं और शाम को वहाँ फ़िल्म 'अनहोनी' दिखायी जा रही है जिसे मिस नहीं करना चाहिए।

"जब कभी अकेलापन महसूस हो, मेरे कमरे में चले आइएगा," उसने उठकर छाती के पास से कुर्ते को ख़ुजलाते हएु कहा। "उसे भी आप अपना ही कमरा समझें। किसी तरह के, तकल्लुफ़ में नहीं रहिएगा।"

वह चला गया तो मैंने सोचा कि अच्छा है जो पहली ही भेंट में वह अपने बारे में सब कुछ बतला गया—अब न तो मेरे पास कुछ पूछने को बचा है, न ही

उसके पास बतलाने को। आमने-सामने होने पर ख़ैर-ख़ैरीयत पूछ लिया करेंगे, बस।

मेरे सामने सवाल था कि खाने की क्या व्यवस्था की जाए। बाज़ार दूर था और रोज़ दोपहर को धूप में सवा मील जाना मुश्किल था। मैं वहाँ पास में ही कहीं प्रबन्ध कर लेना चाहता था। दिन में मैंने होटल के चौकीदार को इस सम्बन्ध में बात करने के लिए बुला लिया। वह पहले वहाँ बटलर था और अब भी अपना परिचय बटलर के रूप में ही देता था। वह ''वेल मास्टर, वट मास्टर'' कहता कमरे के बाहर आ खड़ा हुआ। मैं भी बरामदे में निकलकर उससे आसपास के होटलों और ढाबों के विषय में पूछताछ करने लगा। बटलर ने अपनी बटलरी अँग्रेज़ी में बतलाना शुरू किया कि कहाँ किस होटल में 'वैरी गुड फ़ूड' मिलता है और कहाँ किस में 'डैम चीप फ़ूड'। तभी एक सोलह-सत्रह साल का दुबला-सा नवयुवक मेरे पास आकर बोला, ''सर, साहब आपको उधर बुला रहे हैं।''

''कौन साहब बुला रहे हैं?'' मैंने पूछा।

''कपूर साहब।''

''वे यहीं पर हैं?'' मुझे आश्चर्य हुआ। मेरा ख़याल था कि वह तब तक अपने काम पर चला गया होगा।

''कमरे में हैं,'' लड़के ने कुछ लजाते हुए कहा।

''काम पर नहीं गये?''

''उनका दफ़्तर यहाँ कमरे में ही है।''

''दिन-भर वे यहीं रहते हैं?''

इससे पहले कि लड़का जवाब देता, कपूर लुँगी-बनियान पहने अपने कमरे से बाहर निकल आया और वहीं खड़ा-खड़ा बोला, ''आओ न बादशाहो! दास हर वक़्त सेवा के लिए यहीं हाज़िर रहता है।''

न जाने क्यों उसके फैले हुए निचले होठ को देखकर मुझे उलझन-सी हुई। लगा जैसे उस होठ की वजह से ही मेरा मन उसकी घनिष्ठता से बचना चाहता हो।

''मैं खाना खा आऊँ, अभी थोड़ी देर में आता हूँ,'' मैंने उससे कहा।

''मोतियों वाले ओ, मैं खाना खाने के लिए ही तो आपको बुला रहा हूँ,'' वह लुँगी को थोड़ा ऊपर उठाये हमारी तरफ़ बढ़ आया। ''आपका खाना मेरे कमरे में तैयार रखा है।''

''देखिए कपूर साहब...,'' मैं बचने के लिए बहाना ढूँढ़ने लगा। पर वह बीच में ही मेरी बाँह हाथ में लेकर बोला, ''अरे, आप तो तकल्लुफ़ करने लगे! मुझे आप अपना भाई नहीं समझते? शौकत, चलो, अन्दर चलकर प्लेटें लगाओ।''

शौकत उस लड़के का नाम था जो मुझे बुलाने आया था। उसके कपड़े इतने

उजले थे कि मैं सहसा विश्वास नहीं कर सका कि वह कपूर का नौकर है।

कमरे में पहुँचकर कपूर ने कहा, ''आप भी भाई साहब, हद करते हैं! यहाँ का खाना हम लोग खा सकते हैं? जितने दिन मैं यहाँ हूँ, उतने दिन तो मैं आपको बाहर कहीं खाने नहीं दूँगा। बाद में जहाँ जैसा मिले, खाते रहिएगा।''

कपूर अपना खाना खुद स्टोव पर बनाता था। शौकत सही माने में उसका नौकर नहीं था—एक बेकार नवयुवक था, जिसे उसने 'यूँ ही कुछ' देने का वादा करके 'यूँ ही कुछ थोड़ा-बहुत काम' करने के लिए रख छोड़ा था। वह आठ-दस दिन से उसके पास था। कपूर उससे वे सभी काम लेता था जो एक साधारण नौकर से लिये जा सकते हैं। मगर शौकत आँखें झुकाये चुपचाप हर काम किये जाता था।

सब्ज़ी में इतनी मिर्च थी कि खाते हुए मेरी आँखों में पानी आ गया। कपूर ने यह देखा, तो बोला, ''आपको शायद मिर्च ज़्यादा पसन्द नहीं है। शाम से ज़्यादा मिर्च नहीं डालूँगा।''

''शाम को आप खाना मेरे साथ बाहर खाइएगा,'' मैंने उसकी हर वक़्त की मेहमान-नवाज़ी से बचने के लिए कह दिया।

''आप फिर तकल्लुफ़ कर रहे हैं।'' वह बोला। ''मैंने आपसे एक बार कह दिया है कि मैं जब तक यहाँ हूँ, आपको बाहर खाना नहीं खाने दूँगा।''

एक कुत्ता दुम हिलाता दरवाज़े के पास आ खड़ा हुआ। कपूर ने एक चपाती उसकी तरफ़ फेंकते हुए कहा, ''देखिए, इसमें इसका भी हिस्सा था। दाने-दाने पर खानेवाले की मोहर होती है, भाई साहब! वरना न कोई किसी को खिलाता है, और न ही कोई किसी का खाता है।'' और कटोरे से मुँह लगाकर वह सब्ज़ी का बचा हुआ रसा एक ही घूँट में सुड़क गया।

मैं इस बार काफ़ी ज़ोर देकर उस पर यह स्पष्ट करने की चेष्टा की कि मैं उसका हर समय का मेहमान बनकर नहीं रह सकता, इसलिए शाम का खाना मैं बाहर ही खाऊँगा।

''मैं आपकी बात समझ रहा हूँ,'' वह बोला। ''पर आप उस चीज़ की चिन्ता न करें। आप चाहें, तो थोड़ा-बहुत आटा-घी अपने पैसे से मँगवा लें। पकाना तो मुझे ही है। एक की जगह दो के लिए पका लिया करूँगा। मिर्च मैं अब से बहुत कम डालूँगा। सच कहता हूँ, यहाँ का खाना हम लोग नहीं खा सकते। मेरे जाने के बाद तो ख़ैर आपको वह रसम्-तक्रम् खाना ही पड़ेगा।'' फिर शौकत की तरफ़ देखकर उसने कहा,'' तुम अब जाओ शौकत, दो बज रहे हैं। घर जाकर तुम्हें भी खाना खाना होगा। शाम को आते हुए जो-जो सामान ये कहें, इनके लिए लेते आना। पैसे इनसे ले लो।''

मुझे उसका फैला हुआ होठ अब भी अखर रहा था, पर उस समय शौकत

को पैसे देने से मैं इन्कार नहीं कर सका। यह सोचकर कि दो-तीन रुपये जो ख़र्च होते हैं, हो जाएँ, उसने ज़्यादा कहा, तो दो-एक बार उसके साथ खा भी लूँगा, मैंने जेब से दस का नोट निकालकर शौकत को दे दिया। शौकत ने कपूर से पूछा कि क्या-क्या समान लाना होगा।

''पाँच सेर आटा काफ़ी होगा,'' वह बोला। ''आधा सेर घी ले आना। सब्ज़ी जो भी ठीक समझो, ले आना। हाँ, अन्दर मसाले-आले देख लो कौन-से नहीं हैं।'' फिर मेरी तरफ़ मुड़कर उसने पूछा, ''नाश्ता आप क्या पसन्द करते हैं?''

उसके निकले हुए होठ पर एक हलकी मुस्कान मैंने देखी जिसे उसने होठ पर ज़बान फेरकर दबा लिया।

''आप क्या नाश्ता करते हैं?'' मैंने मन में अपने को कोसते हुए पूछ लिया।

''सवेरे-सवेरे कुछ ख़ास बनाने का तरद्‌दुद तो होता नहीं,'' वह बोला। ''चाय के साथ सिर्फ़ दो टोस्ट और दो अंडे ले लेता हूँ। आप भी यही ले लिया करें। यहाँ के इडली-डोसे से तो अच्छा ही है।'' और फिर शौकत से बोला, ''देखो, एक नौ आनेवाली डबलरोटी,दो टिकिया मक्खन और छह अंडे भी लेते आना।''

शौकत चलने लगा, तो कपूर ने फिर उससे एक सेकेंड रुकने को कहा और मुझसे पूछा, ''यहाँ के केले अभी आपने खाये हैं कि नहीं?''

''यहाँ के केले कुछ ख़ास होते हैं क्या?'' मैंने 'नहीं' कहने से बचने के लिए पूछ लिया।

''ख़ास?'' वह उभड़कर बोला। ''जितनी फ़ूड वैल्यू यहाँ के केले में होती है, उतनी और कहीं के किसी फल में नहीं। शौकत, एक दर्जन बड़े वाले केले भी लेते आना। साहब एक बार उनका स्वाद भी चखकर देख लें।''

मेरा ऐसे कई व्यक्तियों से पाला पड़ा था जिनके साथ व्यवहार रखने में मुझे बहुत कठिनाई का अनुभव होता था। पर कपूर उनमें सबसे आगे था। शाम को उसने अपने कमरे में खाना नहीं बनाया। कहा कि मैंने जो उसे शाम को अपने साथ बाहर चलकर खाने का निमन्त्रण दिया था,वह उसी के ख़याल मे रहा है। मैंने उसे साथ ले जाकर बाहर खाना खिलाया। दूसरे दिन वह दो बजे तक कहीं बाहर गया रहा और आने पर नाराज़गी ज़ाहिर की कि मैंने खाना बाहर जाकर क्यों खा लिया—उसके लौटने की राह क्यों नहीं देखी। उसके बाद शाम को भी उसने खाना नहीं बनाया। कहा कि उसे भूख नहीं है। दोपहर का खाना ही अढ़ाई-तीन बजे बना था—और यह सोचकर कि रात को कौन फिर से तरद्‌दुद करेगा, उसने दोनों वक़्त का एक-साथ ही खा लिया था। मगर जब मैं खाना खाने निकला, तो वह भी घूमने के इरादे से साथ हो लिया और होटल में बैठकर सिर्फ़ साथ देने के लिए दो प्लेट बिरयानी खा गया। लौटते हुए मैं ब्लैड वग़ैरह ख़रीदने लगा तो उसे भी कुछ चीज़ें ख़रीदने

की याद हो आयी। चीज़ें बँधवा चुकने पर उसे ध्यान आया कि पैसे तो वह साथ लाया ही नहीं क्योंकि वह तो सिर्फ़ घूमने के इरादे से निकला था। दुकानदार से उसने कह दिया कि वह सब पैसे मेरे नोट में से काट ले।

वापस होटल में पहुँचने पर आग्रह के साथ कहा कि मैं एक मिनट उसके कमरे में आऊँ, उसे मुझसे कुछ ख़ास बात करनी है। मैं अन्दर-ही-अन्दर जल-भुनकर ख़ाक हो रहा था, इसलिए मैं उसके कमरे में नहीं गया। दस मिनट बाद वह ख़ुद मेरे कमरे में चला आया।

''देखिए, मैं इस वक़्त कुछ पढ़ना चाहता हूँ'' मैंने उसे देखकर रूखे स्वर में कहा। ''इसलिए और बात हम कल किसी वक़्त करेंगे।''

''हाँ–हाँ, शौक़ से पढ़िए,'' वह कुर्सी पर बैठता बोला। ''मैं तो सिर्फ़ एक मिनट के लिए ही आया हूँ।''

''बताइए, क्या बात है एक मिनट की?'' मैंने खड़े–खड़े ही पूछा।

''आप बैठ जाएँ, तो मैं बात करूँ,'' वह बोला। ''ऐसे क्या बात होगी?''

''मैं बैठ जाऊँगा, आप बात बताएँ।''

''आप मुझसे नाराज़ हैं क्या?'' उसने ऐसा चेहरा बनाकर कहा जैसे उसके साथ बहुत ज़्यादती की जा रही हो।

मैंने अब अपने स्वर को थोड़ा सँभाल लिया। ''मैंने आपसे ऐसी कोई बात नहीं कही जिससे लगे कि मैं नाराज़ हूँ।''

नहीं हैं न नाराज़?'' वह बोला। ''मैंने अच्छा किया जो पूछ लिया। मेरे मन का वहम निकल गया। मैं सोच रहा था कि मैं तो भाई साहब की इतनी क़द्र करता हूँ, इन्हें अपने सगे भाई की तरह मानता हूँ फिर इनके चेहरे से क्यों लग रहा है जैसे ये मुझसे नाराज़ हैं? चलो मेरी तसल्ली हो गयी।''

फिर जैसे मुझ पर उपकार करके उसने उठते हुए कहा, ''मैं तो भाई साहब इन्सानियत के नाते किसी के लिए भी कुछ भी करने को तैयार रहता हूँ। आप तो फिर अपने पंजाब के हैं। मेरी इतनी ही प्रार्थना है कि मुझे हर वक़्त अपना दास समझें और सेवा का मौक़ा देते रहें।''

एक बार दहलीज़ पार करके वह फिर लौट आया। बोला, ''देखिए, मुझे आपसे थोड़ा–सा निजी काम है। पर मैं उस वक़्त आपको बताऊँगा। जिस वक़्त आप ख़ाली होंगे। आप कब तक पढ़ते रहेंगे?''

''जब तक नींद नहीं आती,'' मैंने कहा।

''तो सोने से पहले मुझे आवाज़ दे लीजिएगा,'' वह चलता हुआ बोला। ''वैसे मैं भी एक बार आकर देख जाऊँगा।''

मगर उस रात उसे मौक़ा नहीं मिला क्योंकि जब तक वह देखने के लिए

आया, तब तक मेरे कमरे की बत्ती बुझ चुकी थी। अगले दिन सुबह मैं अख़बार देख रहा था, तो वह फिर आ पहुँचा और बोला, "इस वक़्त आप ख़ाली हैं?"

मैंने कुछ न कहकर अख़बार सामने से हटा दिया।

वह बैठ गया और जेब से एक चिट्ठी निकालकर बोला, "मैं इस चिट्ठी का जवाब आपसे लिखवाना चाहता हूँ।"

मेरा एक तो मन हुआ कि उसे कमरे से निकल जाने को कह दूँ, और दूसरा कि ज़ोर से ठहाकर लगाऊँ। पर वह इस तरह कबूतर की नज़र से मुझे देख रहा था कि मैं ये दोनों काम न करके सिर्फ़ मुस्कराकर रह गया। मैंने उसे समझाना चाहा कि मैं चिट्ठी लिखने की कला का विशेषज्ञ नहीं हूँ, सिर्फ़ कभी-कभार कहानी-वानी लिख लेता हूँ। पर उसने मेरी बात जैसे सुनी ही नहीं। बोला कि वह एक ख़ास चिट्ठी है जो उसकी प्रेमिका रूबी ने उसे सिकन्दराबाद से लिखी है, और क्योंकि वह मुझे सबसे विश्वस्त मित्र मानती है, इसलिए मुझे कम-से-कम इतनी राय तो उसे देनी ही चाहिए कि वह किस तरह उत्तर लिखे जिससे सारी बात उसमें आ जाए।

और वह सारी बात यह थी कि रूबी की तरफ़ उसके चौदह रुपये निकलते थे। वह इस तरह पत्र लिखना चाहता था कि रूबी पर उसके प्रेम का प्रभाव भी बना रहे और उसकी रक़म भी वापस आ जाए।

रूबी पहले उसी होटल में उसके कमरे से दो कमरे छोड़कर अपने भाई-भावज के साथ रहती थी। कपूर का विश्वास था कि वह चाहता तो ननद और भावज दोनों से प्रेम-सम्बन्ध स्थापित कर सकता था,पर उसने अपने को गिरने नहीं दिया और केवल रूबी को ही प्रेम के लिए चुने रहा। रूबी से भी वह दूर-दूर से ही प्रेम करना चाहता था, पर रूबी कुछ इस तरह उस पर मरने लगी थी कि उसके लिए अपने प्रेम की पवित्रता बनाये रखना असम्भव हो गया था। एक रात (जबकि भूल से पीछे का दरवाज़ा खुला रह गया था), रूबी चुपके से उसके कमरे में चली आयी थी और उसे न चाहते हुए भी (क्योंकि बाहर बारिश होने लगी थी) अपने को रूबी की इच्छा पर छोड़ देना पड़ा था। उसके बाद जितने दिन रूबी वहाँ रही, दरवाज़ा खुला रहने की भूल दोहरायी जाती रही।

रूबी बीच-बीच में उससे एक-एक दो-दो रुपये उधार ले लेती थी और उसके सिकन्दराबाद जाने तक कपूर की डायरी में उसके नाम चौदह रुपये हो गये थे। वह जाते हुए कह गयी थी कि सिकन्दराबाद पहुँचते ही अपने बैंक से निकलवाकर भेज देगी,पर दो महीने होने को आये थे और उसने रुपये भेजना तो दूर, अपने किसी पत्र में उस क़र्ज़ का ज़िक्र तक नहीं किया था। महीना-भर पहले उसने लिखा था कि वह उसके लिए दो बेड-कवर काढ़कर भेज रही है, मगर बाद के पत्रों

में उनका भी ज़िक्र नहीं था। अब कपूर चाहता था कि उसे ऐसा पत्र लिखा जाए जिसमें रुपयों की बात आ भी जाए और रूबी को यह महसूस भी न हो कि उसने यह बात लिखी है क्योंकि वह सीधे-सीधे रुपये माँगकर अपने प्रेम-सम्बन्ध पर आँच नहीं आने देना चाहता था।

"बताइए, यह सब किस तरह लिखा जाए?" सारा क़िस्सा सुनाने के बाद उसने पूछा।

मैंने उससे कहा कि, मैं इस मामले में कोई राय नहीं दे सकता। वह अपनी प्रेमिका को जानता है, इसलिए वही ठीक से सोच सकता है कि उसे क्या बात किस तरह लिखनी चाहिए। इस पर कपूर ने मेरा हाथ हौले से दबा दिया और धीमे स्वर में कहा कि, मैं इतनी ऊँची आवाज़ में उसकी प्रेमिका का ज़िक्र न करूँ। वहाँ के लोग दक़ियानूसी ख़यालातों के हैं। वे भावना की बात का भी गन्दा मतलब ले सकते हैं।"

मुझे समझ नहीं आ रहा था कि उसे किस तरह टाला जाए। आख़िर मैंने उससे कहा कि इस विषय में मुझे थोड़ा सोचना होगा। इस समय मुझे कुछ अपना काम करना है, इसलिए...। इस पर वह उठता हुआ बोला, "हाँ-हाँ, आप काम कीजिए। वैसे मैं भी इस बारे में सोचूँगा। आप भी सोचिए। शाम को दोनों साथ बैठकर ड्राफ़्ट बना लेंगे। मैं कल चिट्ठी ज़रूर पोस्ट कर देना चाहता हूँ, क्योंकि उसे अपना लुधियाना का पता भी देना है।"

और मुझसे यह अनुरोध करके कि मुझे बाज़ार का कोई काम हो तो शौक़त से करा लूँ, तकल्लुफ़ में न रहूँ, वह अपने कमरे में चला गया।

उस शाम से मैंने खाने का प्रबन्ध पास के एक होटल में कर लिया। नाश्ता अपने कमरे में तैयार करने के लिए आवश्यक सामान भी ख़रीद लाया। कपूर को इसका पता चला, तो पहले दिन तो उसने आकर शिकायत की कि मैं उसकी चीज़ों को अपनी चीज़ें क्यों नहीं समझता और यूँ ही इतने पैसे क्यों बर्बाद कर आया हूँ। मगर दूसरे दिन से वह मेरे कमरे में आ-आकर ऐसे-ऐसे करतब करने लगा, "आपकी अलमारी में डबलरोटी रखी है, ज़रा मक्खन का डिब्बा तो निकालिए, दो स्लाइस काटकर खा लूँ, अब इस वक़्त रोटी कौन बनाये!" या "आज दाढ़ में दर्द है, कुछ खाया नहीं जाएगा। सोचता हूँ थोड़ा-सा दूध पी लेना ही ठीक रहेगा। मैंने तो मँगवाया नहीं, आपके दूध में से ले रहा हूँ आप उतने दूध की जगह एक स्लाइस और खा लीजिएगा।" या "सेब आये हैं सेब? ज़रा चखकर तो देखें।" या फिर "शौकत आपके बिस्किट लाया था और उधर रखकर पान लाने चला गया था। दो दोस्त बैठे थे, उन्होंने चाय के साथ ले लिये। आपके लिए शौकत से और लाने को कह दिया है।" और ये और भी उसने शौकत से उन्हीं पैसों में से लाने को कह दिया

था जो मैंने उसे दे रखे थे। इसके अलावा मेरे कमरे में आ बैठने के उसके पास सौ बहाने थे। ''इतनी-इतनी देर आपका अकेले मन कैसे लग जाता है?'' या ''पंजाब के शहरों में शाम को कितनी रौनक होती है, पर यहाँ देखिए न...।'' या फिर ''लाइए, दो-चार सफ़े मैं साथ लगकर लिखवा दूँ। अकेले लिखते थक गये होंगे।''

मैंने तय कर लिया कि मैं उसके पास एक चिट लिखकर भेज दूँगा कि वह मेरे कमरे में न आया करे।

जिस होटल में मैं खाना खाने जाता था, वहीं धनंजय नाम का एक और युवक भी आया करता था। उसे दो-एक बार मैंने कपूर के कमरे में देखा था। एक शाम मैं होटल से खाना खाकर निकला,तो वह मेरे साथ-साथ बाहर आ गया। मेरा इरादा समुद्र-तट पर टहलने जाने का था। उसने कहा कि वह भी उसी तरफ़ चल रहा है। हम दोनों समुद्र-तट पर पहुँच गये। उसके चेहरे से लग रहा था कि वह मुझसे कोई ख़ास बात करना चाहता है। कुछ देर बाद संकोच हटाकर उसने पूछ लिया कि कपूर वहाँ से कब जा रहा है।

''पता नहीं,'' मैंने कहा। ''वह रोज़ यही कहता है कि चार-पाँच रोज़ में जा रहा है।''

धनंजय रेत के गीले भागों से बचता कुछ देर चुपचाप मेरे साथ चलता रहा। फिर हिचकिचाते हुए उसने बतया कि कपूर की तरफ़ उसके कुछ रुपये निकलते हैं और वह चिन्तित है कि कहीं वह आदमी उसके रुपये मार तो नहीं लेगा।

''कितने रुपये हैं?'' मैंने पूछा।

''पचास।''

''वह इस बारे में क्या कहता है?''

''कहता है लुधियाना पहुँचते ही भेज दूँगा।''

उसने यह भी बतलाया कि जिन दिनों रूबी कपूर के पास आया करती थी, उन्हीं दिनों कपूर ने उससे वे रुपये लिये थे। कहा था कि रूबी को ज़रूरत है, कि उसके अपने रुपये व्यापारियों से आठ-दस दिन में मिलेंगे, कि यह उसके प्रेम का सवाल है, और कि वही उसका एक ऐसा दोस्त है जिससे वह माँग सकता है। धनंजय की बातों से लगा कि कपूर ने रूबी से उसकी दोस्ती कराने का भी वादा किया था, पर वह वादा उसने पूरा नहीं किया। कपूर ने उससे यह भी कह रखा था कि मैं उसका पुराना दोस्त हूँ और कि मेरे वहाँ रहते उसे अपने रुपये की चिन्ता बिल्कुल नहीं करनी चाहिए। मैंने धनंजय को अपनी स्थिति समझायी, तो उसका चेहरा उतर गया। गीली रेत से बचकर चलने का उसे ध्यान नहीं रहा। वह मुरझाये हुए स्वर में बोला, ''देखिए, मैं रुपये की उतनी परवाह नहीं करता। पर उसे मेरे-जैसे भले आदमी के साथ इस तरह का सलूक करना नहीं चाहिए।''

मैं उसकी बात पर मन-ही-मन मुस्करा दिया। अपने से ज़्यादा मुझे उससे हमदर्दी हुई। यह इसलिए भी कि कुछ क़दम चलते-चलते एक जगह फिसलकर उसने कपड़े ख़राब कर लिये।

समुद्र-तट से लौटकर मैंने बटलर के हाथ कपूर के पास चिट भेज दी कि मैं कुछ दिन अकेले में काम करना चाहता हूँ, इसलिए उसकी मेहरबानी होगी अगर वह इसके बाद मेरे कमरे में आने की तकलीफ़ न करे। मगर थोड़ी ही देर में शौकत ने आकर कहा कि साहब उधर बुला रहे हैं। मैंने शौकत को वापस भेज दिया और चुपचाप अपना काम करता रहा। कुछ देर बाद कपूर, ख़ुद चला आया और दरवाज़े के पास रुककर बोला, "भाई साहब, आपने लिखा है कि मैं आपके कमरे में न आया करूँ। पर आपको मेरे कमरे में आने में तो कोई एतराज़ नहीं है न?

मुझे बहुत ग़ुस्सा आ रहा था। मैंने खिझलाये स्वर में उससे कहा कि, "मैं अपने काम के वक़्त किसी की उस तरह की दख़ल-अन्दाज़ी पसन्द नहीं करता, इसलिए उस वक़्त उससे बात नहीं कर सकता।"

"पर, आख़िर बात क्या है?" कहता हुआ वह अन्दर आ गया। "इसका मतलब है कि मेरा उस दिन का अन्दाज़ा ठीक था। आप ज़रूर किसी वजह से मुझसे नाराज़ हैं। आप जब तक वजह नहीं बताएँगे, मैं यहाँ से नहीं जाऊँगा।"

मैं बिना कुछ कहे और बिना उसकी तरफ़ देखे अपने सामने की पुस्तक पर आँखें जमाये रहा। वह कुछ देर चुपचाप खड़ा रहा। फिर बोला, "यह कहानियों की क़िताब है?"

मैं इस पर भी चुप रहा।

"आपके पास कहानियों की और भी कोई अच्छी-सी क़िताब है?"

मैं फिर भी चुप रहा।

"आपके पास और कोई ऐसी क़िताब नहीं है?"

मैंने अब भी कोई जवाब नहीं दिया।

"अच्छा सुबह तक आप अपनी नाराज़गी दूर कर लीजिए, ऐसे मेरा मन नहीं लगता," कहकर उसने एक नज़र कमरे में चारों तरफ़ डाली, फिर धीरे-धीरे बाहर को चल दिया। फिर जैसे कुछ याद हो आने से जेब में हाथ डालकर टटोलता हुआ बोला, "यह मैं लाया था। अपने लिये ले रहा था, तो सोचा भाई साहब के लिए भी एक लेता चलूँ। ज़रूरत तो पड़ती ही रहती है," और उसने जेब से एक माचिस की डिबिया निकालकर मेरी मेज़ पर रख दी।

"इसे ले जाइए, मुझे इसकी ज़रूरत नहीं है," मैंने कहा।

"शुक्र है, बोले तो सही।" कहता हुआ वह फिर आकर मेरे सामने खड़ा हो गया। उसका कहने का ढंग ऐसा था कि मेरे लिए अपनी मुस्कराहट को रोक पाना

असम्भव हो गया।

"शुक्र है, मुस्कराये तो सही।" वह दोनों हाथ हवा में झटककर बोला। "उस तरह नाराज़ बने रहते, तो मुझे रात-भर नींद न आती। यह डिबिया तो मैं इस ख़याल से ले आया कि शायद आपको ज़रूरत हो। ज़रूरत नहीं है, तो उधर काम आ जाएगी," कहते हुए उसने डिबिया उठा ली। फिर कमरे से बाहर जाते हुए उसने कहा कि मेरे मन में अब भी कोई बात हो, तो उसे मैं मन से निकाल दूँ, उसका मन मेरी तरफ़ से बिल्कुल साफ़ है।

तीन-चार दिन यही हाल रहा। मैं उससे बात करने से बचता। पर वह बीच-बीच में आकर इसी तरह मेरे पास बैठ जाता और दो-चार बातें करके, और-और कुछ हाथ न लगे, तो थोड़ी-सी चीनी ही फाँककर चला जाता। कभी-कभी उसका वह दाँव भी चल जाता, "अच्छा, केले की ख़ुशबू आ रही है, केले आये हैं।"

आख़िर उसका जाने का दिन आ गया। मैं दोपहर को खाना खाकर लौटा, तो देा उसका सामान बँध चुका है। धनंजय शौकत से सामान उठवाकर ताँगे में रखवा रहा था। कपूर मुझे देखते ही बाँहें फैलाये मेरे पास आ गया। बोला, "मैं इन्तज़ार ही कर रहा था कि भाई साहब आयें, तो स्टेशन चलें।"

मैंने अपने कमरे का दरवाज़ा खोलकर अन्दर दाख़िल होते हुए कहा कि धूप बहुत तेज़ है इसलिए मैं उसके साथ स्टेशन तक नहीं चल सकूँगा। वह भी मेरे साथ ही कमरे में आ गया और मेज़ के पास रुककर बोला, "ठीक है, आपको तकलीफ़ उठाने की ज़रूरत नहीं।" फिर मेज़ पर रखी एक पुस्तक को उठाकर दोनों तरफ़ से देखते हुए उसने कहा, "यह किताब मैं रास्ते में पढ़ने के लिए ले जा रहा हूँ। दिल्ली से आपको बुकपोस्ट से भेज दूँगा।"

और बिना मुझे कुछ कहने का मौक़ा दिये पहले दिन की तरह फिर एक बार मुझे बाँहों में भींचकर वह दरवाज़े की तरफ़ बढ़ गया। मैंने तब बाहर निकलकर उससे कहा कि मैं भी थोड़े दिनों में वहाँ से चला जाऊँगा, इसलिए वह पुस्तक मैं उसे नहीं ले जाने दे सकता। धनंजय और शौकत तब तक ताँगे में पिछली सीट पर बैठ गये थे। वह जाकर अगली सीट पर बैठता हुआ बोला, "आप फ़िक्र न करें मैं किताब आपको बंगलोर से ही भेज दूँगा।"

और गहरी आत्मीय भावना के साथ आँखें मूँदकर उसने हाथ जोड़ दिये। कहा, "दास से कोई भूल-चूक हुई हो, तो माफ़ कर देना। और कभी-कभार याद कर लिया करना।"

तब तब ताँगा चल दिया।

उस शाम धनंजय फिर मुझे होटल में मिल गया। हम फिर साथ-साथ समुद्र-तट पर टहलने निकले गये। वहाँ बैठकर उँगलियों से रेत पर लकीरें खींचते हुए

उसने कहा, ''पता नहीं मेरे पैसे भेजता है या नहीं। कह तो गया है कि जल्दी ही भेज देगा। मैं इसीलिए उसे स्टेशन तक छोड़ने गया था कि मेरी तरफ़ से उसका दिल बिल्कुल साफ़ रहे। मैंने ख़ुद ही उससे कह दिया है कि दस-बीस दिन में जब भी उसे सुविधा हो, भेज दे। इस तरह मैंने सोचा कि शायद भेज भी दे। नहीं तो ऐसे आदमी का क्या पता है?''

मैं कुहनियाँ रेत पर टिकाये लेटा उमड़ती लहरों का खेल देखता रहा। धनंजय आशापूर्ण दृष्टि से आकाश को ताकता रेत पर लकीरें खींचता रहा।

## मलबार

शब्द मलबार में जो आकर्षण है, वही आकर्षण वहाँ दृश्य-विस्तार में भी है। लाल ज़मीन, घनी हरियाली और बीच-बीच में नारियल के सूखे पत्तों से बनायी गयी घरों की छतें। कनानोर में रहकर और आसपास घूमकर मुझे लगा कि वह सारा प्रदेश एक बहुत बड़ा नारियल का उद्यान है जिसमें बीच-बीच में सुपारी, काजू, पान आदि जैसे दृश्य सौन्दर्य के लिए ही लगा दिये गये हैं और जिसमें छोटी-छोटी नदियों और बैंक-वाटर्ज़ का पानी भी उसी उद्देश्य से फैला दिया गया है। इस तरह के सौन्दर्य में घिरकर रहना अपने में एक चाह हो सकती है, पर वहाँ गरमी बहुत पड़ती है। एक वहीं के व्यक्ति ने मज़ाक़ कहा कि मलवार में साल में नौ महीने गरमी पड़ती है, और बाक़ी तीन महीने बहुत गरमी पड़ती है।

मलवार की उपजाऊ ज़मीन एक तरह से कच्चा सोना उगलती है। वहाँ की उपज को देखते हुए वहाँ के निवासियों का जीवन-स्तर काफ़ी अच्छा होना चाहिए, पर ऐसा नहीं है। प्रकृति की भरपूर देन के बीच भी अधिकांश लोग अभावपूर्ण जीवन व्यतीत करते हैं। कनानोर में उमायल फ़ैक्टरी के पास के मैदान में अक्सर मज़दूरों की मीटिंगें हुआ करती थीं। मैं बोलने वालों की भाषा नहीं समझ पाता था, पर उनकी ध्वनियों से भी अर्थ का बहुत-कुछ अनुमान लगाया जा सकता था। उन दिनों किसी फ़ैक्टरी में हड़ताल चल रही थी। समस्या वही थी जो हुआ करती है। बाज़ार मन्दा होने के कारण मालिक लोग मज़दूरों का वेतन घटाना चाहते थे, और ऐसा न होने पर फ़ैक्टरी बन्द करने की धमकी दे रहे थे। मज़दूर अपने वेतन कम करने के लिए तैयार नहीं थे। शाम को जुलूस निकलता, उसके बाद मीटिंग होती और रात की हवा में मलयालम की मूर्धन्य ध्वनियाँ स्टेनगन की तरह गूँजती सुनाई

देतीं। मैं कई बार उन ध्वनियों को सुनने के लिए ही रुक जाया करता।

वहाँ रहते कई बार सोचा करता कि कितनी साधारण चीज़ें मनुष्य के निर्माण में कितना बड़ा हाथ रखती है। समुद्र-तट की हवा, मछली, खोपड़े का तेल और उबले हुए चावल—इन उपकरणों से प्रकृति मलबार में जिस शरीर-सौन्दर्य की सृष्टि करती है, उसे गठन, तराश और उठान की दृष्टि से असाधारण कहा जा सकता है। पतली खाल, सुन्दर आँखें और अजन्ता की मूर्त्तियों के-से होठ—ये वहाँ के शरीर-सौन्दर्य की विशेषताएँ नहीं, सामान्यताएँ हैं। परन्तु बहुत से चेहरों पर अभाव की छाया स्पष्ट दिखाई देती है। लगता है कि प्रकृति के उस सुन्दर निर्माण में कोई मैली चीज़ हस्तक्षेप कर रही है। मलबार के पक्षी भी बहुत सुन्दर हैं—परन्ध, कोच्छ, कडल काक, सभी। उनके निर्माण और विकास में किसी का हस्तक्षेप नहीं, इसलिए वे बहुत स्वस्थ भी हैं। वे धरती और वातावरण से जितना कुछ ग्रहण करना चाहते हैं, उन्मुक्त भाव से कर सकते हैं। परन्तु मनुष्यों की यह विवशता है कि वे ऐसा नहीं कर पाते।

सांस्कृतिक दृष्टि से मलबार मलयालम-भाषी केरल प्रदेश का एक अंग है। (केरल तब तक केवल एक सांस्कृतिक इकाई थी, आज की तरह राजनीतिक इकाई नहीं।) उत्तर भारत में जिस उत्साह के साथ होली और दीवाली मनायी जाती है, वहाँ उसी उत्साह के साथ ओणम् और विशु, ये दो त्यौहार मनाये जाते हैं। ओणम् अगस्त-सितम्बर में पड़ता है और वर्ष का प्रमुख त्यौहार माना जाता है। इस त्योहार के साथ राजा महाबली की कथा सम्बद्ध है। (उत्तर भारत में इन्हीं महाबली को हम राजा बली के रूप में जानते हैं, जिनसे पौराणिक कथाओं के अनुसार, वामन ने तीन पैर ज़मीन माँगी थी और फिर सारी ज़मीन पर पाँव फैलाकर उन्हें पाताल में भेज दिया था।) ओणम् की कथा है कि राजा महाबली के राज्य में केरल में बहुत समृद्धि थी और प्रजा बहुत सुखी थी। वामन ने राजा महाबली को केरल छोड़कर पाताल जाने के लिए विवश कर दिया। (यह सम्भवत: उत्तर भारतीय शक्ति प्रसार का रूपक है। केरल में महाबली आदर्श राजा है, जबकि उत्तर के पुराण उन्हें दैत्यों का अधिपति बताते हैं।) चूँकि महाबली बहुत लोकप्रिय राजा थे और उस प्रदेश को उन्हीं ने समृद्ध बनाया था, इसलिए उन्हें यह सुविधा दी गयी कि वे वर्ष में एक बार पाताल से आकर केरल की प्रजा को आशीर्वाद दे जाएँ जिससे उस प्रदेश की समृद्धि यथावत् बनी रहे। ओणम् का दिन राजा महाबली के पाताल से लौटकर आने का दिन माना जाता है।

वैसे ओणम् फ़सल काटने का त्यौहार है। इस अवसर पर लोग नौ दिन तक घरों के आगे फूलों से तरह-तरह की सजावट करते हैं। ओणम् के दिन घर के आँगन में महाबली की मिट्टी की मूर्त्ति स्थापित करके उसकी पूजा की जाती है। पप्पड़म्

(पापड़) और केले से बनाये गये खाद्य-पदार्थ ओणम् के दिन के विशेष पकवान हैं।

विशु दूसरा त्यौहार है जो अप्रैल-मई में पड़ता है। यह मलयालम संवत्सर के आरम्भ के दिन मेदम् मास की पहली तारीख़ को मनाया जाता है। उससे पहले की रात को घर के बड़े कमरे में खनी (विभिन्न व्यंजन, जिनमें उबला हुआ चावल नहीं रहता) रखकर दिये जला दिये जाते हैं। सवेरे उठते ही घर के लोग खनी के दर्शन करके पूजा आदि करते हैं।

उत्तर भारत के त्यौहारों में से वहाँ महाशिवरात्रि मनायी जाती है। यह भी वहाँ के प्रमुख त्यौहारों में से है। दीवाली एक सीमित वर्ग में ही मनायी जाती है। होली और वसन्त वहाँ नहीं मनाये जाते।

## बिखरे केन्द्र

कनानोर से कालीकट जाते हुए रास्ते में मैं तेल्लीचेरी स्टेशन पर उतर गया। यह एक सनक ही थी। कनानोर से चल देने का निश्चय अचानक ही कर लिया था। मुझे वहाँ रहते तब कुल सत्रह दिन हुए थे। उस दिन सुबह सोकर उठा, तो मन कुछ उचाट-सा था। लग रहा था जैसे वहाँ रहते बहुत दिन हो गये हों और अब वहाँ और रह सकना असम्भव हो। अनदेखे स्थानों का आकर्षण फिर मन पर छा गया था। आश्चर्य हो रहा था कि मैं इतने दिन भी कनानोर में कैसे रह गया। उसके बाद थोड़ी ही देर में सामान बँध गया और मैं कालीकट का टिकट लेकर गाड़ी में सवार हो गया।

पीली रेत—दूर-दूर तक फैली हुई। नारियलों के घने झुंड और नंगी रेत। समुद्र का नीला पानी और चिकनी रेत। खिड़की से दिखाई देती वह तट की रेत इतनी आकर्षक लग रही थी कि मन हुआ उसे पास से देखने के लिए क्यों न वहीं कहीं उतर पड़ूँ? क्या पता आगे कहीं रेत उतनी पीली, उतनी चिकनी और उतनी एकान्त मिलेगी या नहीं। जब गाड़ी तेल्लीचेरी स्टेशन पर रुकी, तो मैंने बिना ज़्यादा सोचे अपना सामान गाड़ी से उतरवा लिया।

डेढ़-दो का समय था। गाड़ी चली गयी, तो प्लेटफ़ॉर्म और पटरियों पर फैली धूप को देखकर मुझे वहाँ उतर पड़ने के लिए अफ़सोस होने लगा। पूछने पर पता चला कि उस स्टेशन पर क्लोक रूम भी नहीं है जहाँ सामान छोड़कर घूमने जाया जा सके। मगर उतर पड़ा था, इसलिए सामान एक पोर्टर के सुपुर्द करके हाथ जेबों में डाले स्टेशन से बाहर निकल आया। पीली रेत और उसके आकर्षण की बात तब

तक भूल चुका था।

चारों तरफ़ खुली धूप फैली थी। एक रिक्शावाले ने पास आकर पूछा, ''जगन्नाथ गेट?''

मैंने उससे पूछा कि यह जगन्नाथ गेट कौन-सी जगह है?

''वर रुपिया आर आणा,'' वह बोला।

मैंने कनानोर में रहते मलयालम की एक से दस तक की गिनती सीख ली थी। जो उसने कहा उसका मतलब था 'एक रुपया छह आना।'

मैंने इशारों से समझाने की कोशिश करते हुए उससे फिर पूछा कि जगन्नाथ गेट कौन-सी जगह है?

''वर रुपिया नाल आणा,'' वह बोला। इसका मतलब था, ''एक रुपया चार आना।''

''ठीक है, चलो।'' कहकर मैं रिक्शा में बैठ गया। सोचा कि एक रुपया चार आना ख़र्च करके किसी अनजान जगह पर ले जाया जाना अपने में बुरा अनुभव नहीं है।

रिक्शा सँकरे रास्ते में से होता हुआ चलने लगा। दोनों ओर के घर छह-छह आठ-आठ फ़ुट ऊँची ज़मीन पर बने थे। हम एक तरह से दो दीवारों के बीच बनी गली से होकर जा रहे थे। उस धूप में भी उन गलियों में से गुज़रते हुए एक ठंडक-सी महसूस होती थी। आख़िर एक ऐसी जगह पहुँचकर जहाँ एक ओर दुकानें थीं और दूसरी ओर खुला मैदान, रिक्शावाले ने रिक्शा रोक दिया। मैदान की तरफ़ इशारा करके उसने मुझे एक पगडंडी दिखाई और इशारे से कहा कि मैं उस पगडंडी से आगे चला जाऊँ।

''मगर यह पगडंडी जाती कहाँ है?'' मैंने भी इशारों से ही उसे अपना मतलब समझाने की कोशिश की।

उसने जवाब में जो इशारे किये, उनसे मुझे लगा कि वह कह रहा है मैं लौटकर वहीं आ जाऊँ, वह वहाँ रुककर मेरा इन्तज़ार करेगा। आख़िर जब उसे लगा कि हम दोनों बिना एक-दूसरे की बात समझे यूँ ही फ़िजूल हाथ हिला रहे हैं, तो वह रिक्शा एक तरफ़ छोड़कर चला आया और इशारे से मुझे पीछे आने को कहकर पगडंडी पर आगे-आगे चलने लगा।

उस तरह कुछ दूर चलकर हम जहाँ पहुँचे, वह परम शिवम् का एक मन्दिर था। पन्द्रह-बीस मिनट मैं घूमकर मन्दिर देखता रहा। यह जानकर कि मैं उत्तर भारत से आया हूँ, पुजारी बहुत उत्साह के साथ मन्दिर की एक-एक चीज़ मुझे दिखाता रहा। उसने अनुरोध किया कि मैं कमीज़ और बनियान उतारकर मन्दिर को अन्दर से भी देखूँ। अन्दर घूम चुकने के बाद उसने मुझे मन्दिर के संस्थापक स्वामीजी की

मूर्ति दिखायी जो छह हज़ार रुपये में इटली से बनकर आयी थी। चलने से पहले उसने मुझे नारियल का पानी पिलाया। उसे बहुत ख़ुशी थी कि मैं मन्दिर के महत्त्व को समझकर इतनी दूर से वहाँ आया हूँ—एक ऐसा ही दर्शनार्थी कुछ वर्ष पहले भी कहीं दूर से वहाँ आया था।

मन्दिर से लौटते हुए मेरी नज़र पगडंडी के एक तरफ़ मिट्टी खोदते मज़दूरों पर पड़ी। कुछ पुरुष थे जो नंगे बदन, दो-गज़ी धोतियाँ ऊपर को लपेटे, मिट्ठी खोदकर तसलों में भर रहे थे। कुछ स्त्रियाँ थीं जो धोतियों के साथ ब्लाऊज़ भी पहने थीं, और तसले सिरों पर उठाकर मिट्टी दूसरी तरफ़ फेंकने ले जा रही थीं। काम के साथ-साथ वे लोग आपस में चुहल भी कर रहे थे। मैं पगडंडी पर रुककर उन्हें काम करते देखता रहा।

उनमें से एक नवयुवक ने मेरी तरफ़ देखकर मलयालम में न जाने क्या सवाल पूछा। मैं चुपचाप मुस्करा दिया, तो रिक्शावाले ने उसे बताया, ''मलयाली इल्ला।''

इस पर वे सब लोग मेरी तरफ़ देखने लगे। आपस में थोड़ी बात करने के बाद उसी नवयुवक ने मुझसे एक और सवाल पूछा।

''मालयाली इल्ला।'' इस बार मैंने कहा। इस पर वे सब हँस दिये। मैंने उनकी तरफ़ हाथ हिलाया और वहाँ से चल दिया। उनमें से भी कुछ एक ने जवाब में हाथ हिलाये। अब रिक्शावाला मुझे मलयालम में शायद उनकी कही बातों का अर्थ समझाने लगा। दो-एक मिनट बोलकर उसने प्रश्नात्मक स्वर में बात समाप्त की और मेरी तरफ़ देखा। मैंने सिर हिलाया कि मेरी समझ में कुछ नहीं आया। उसने निराश भाव से हाथ झटके और हम दोनों खिलखिलाकर हँस दिये।

स्टेशन के पास रिक्शा से उतरकर मैं चाच पीने सामने की एक दुकान में चला गया। बाहर बोर्ड लगा था : 'मुस्लिम होटल'। रिक्शावाला मेरा मेहमान था क्योंकि उसी ने उस जगह की सिफ़ारिश की थी। एक ख़ास ढंग से भाप देकर कपड़े के मैले-से स्टेनर में छानकर नये ही ढंग से बनायी गयी वह चाय जब एक मैली-सी प्याली में सामने आयी, तो मेरा पीने को मन नहीं हुआ। पर पहला घूँट भरने पर चाय का फ़्लेवर इतना अच्छा लगा कि 'सिर्फ़ एक घूँट और' भरने के लिए प्याली हाथ में लिये रहा। उसके बाद दो-तीन घूँट और भर लिये, फिर भी प्याली परे हटाते नहीं बना।

होटल की बेंचें भी प्याली से कम मैली नहीं थीं। हम्माम, काउंटर का तख़्ता और दरवाज़ों की जालियाँ—सब पर मैल की परतें जमी थीं। दो छोटे-छोटे कमरे थे। एक जिसमें बैठकर मैं चाय पी रहा था। दूसरा उसके पीछे था। उस कमरे में भी एक मेज़ और कुछ बेंचें रखी थीं। कुछ नवयुवक काफ़ी बेतकल्लुफ़ी से वहाँ बैठे साहित्य-चर्चा कर रहे थे। मेज़ पर एक लेख के काग़ज़ बिखरे थे जो शायद उनमें से

किसी ने पढ़ा था। लेख को लेकर जो बहस चल रही थी, उसमें से कोई-कोई शब्द मेरे पल्ले पड़ जाता था—इनसाइट, वैल्यूज़, लाइफ़ मैटर। काग़ज़ों के आसपास रखी चाय की प्यालियाँ कब की ख़ाली हो चुकी थीं। बातचीत की गरमागरमी में कभी उनमें से किसी का हाथ अपने सामने की ख़ाली प्याली को ही उठाकर होठों तक ले जाता। चुस्की लेने की कोशिश में पता चलता कि प्याली में चाय नहीं है,तो निराशा का हलका झटका महसूस करके वह प्याली नीचे रख देता। बाहरी दरवाज़े की जाली में से सड़क का कुछ हिस्सा दिखाई दे रहा था। सड़क के परले सिर पर तीन स्त्रियाँ एक पेड़ के नीचे अपने बोरिया-बिस्तर का दायरा-सा बनाये लेटी थीं। दो बच्चे थे जिनमें से एक बँधी चारपायी के पायों में से हरएक पर बारी-बारी से हाथ रखता हुआ अपना ही कोई खेल खेल रहा था। दूसरा बच्चा, जो उससे थोड़ा बड़ा था, एक बछिया को धकेलकर दायरे से दूर हटाने की कोशिश कर रहा था। तभी एक स्त्री न जाने किस बात से अचानक उठकर बैठ गयी और तीख़ी आवाज़ में बड़े बच्चे को कोसने लगी। बच्चा बछिया को उसकी जगह पर छोड़कर सड़क के इस पार चला आया। पर स्त्री का कोसना इसके बाद भी कुछ देर जारी रहा।

मैंने एक-एक घूँट करके पूरी प्याली ख़ाली कर दी थी। प्याली रखकर डायरी में कुछ नोट्स लेने लगा, तो देखा कि कोने की मेज़ पर चाय पीता एक आदमी एकटक मेरी तरफ़ देख रहा है। वह शायद अपने मन में मेरी गतिविधि के नोट्स ले रहा था।

'मुस्लिम होटल' से निकलकर मैं स्टेशन के वेटिंग हॉल में आ गया। हॉल क्या, एक कमरा-सा था जिसमें एक तरफ़ बुकिंग ऑफ़िस था,दूसरी तरफ़ टी-स्टाल। बीच में कुछ बेंचें पड़ी थीं। ज़्यादातर बेंचों पर लोग लेटे या बैठे थे, पर आसपास किसी का सामान नज़र नहीं आ रहा था। एक बेंच पर एक फटे कानोंवाली बुढ़िया बैठी थी जो अपनी सुँघनी हाथ में मल रही थी। उसके साथ की बेंच पर एक अधेड़ मुसलमान घुटने ऊपर उठाये पैरों को आकाश में झुलाता हुआ साथ बैठे नवयुवक से कुछ बात कररहा था। सिर्फ़ उसी बेंच पर थोड़ी-सी जगह ख़ाली थी, इसलिए मैं भी उनके पास जा बैठा। अभी बैठ ही रहा था कि आपस सब लोग हँस दिये। अधेड़ मुसलमान ने कुछ बात कही थी। मैं थोड़ा अचकचा गया कि कहीं बात मुझे लेकर तो नहीं कही गयी। मेरे चेहरे से भाँपकर कि मैं ऐसा सोच रहा हूँ, साथ बैठा नवयुवक अँग्रेज़ी में मुझसे बोला, "आप शायद इनकी बात नहीं समझे। मैं इनसे कह रहा था कि हर आदमी को तीन चीज़ें अधिकार के तौर पर मिलनी चाहिए—रोटी, कपड़ा और मकान। पर ये कह रहे हैं कि तीन नहीं चार चीज़ें मिलनी चाहिए—रोटी, कपड़ा, मकान और औरत।"

इस पर मैं भी हँस दिया।

"ये शादीशुदा नहीं है क्या?" मैंने नवयुवक से पूछा।

नवयुवक फिर हँसा। बोला, "होते, तो ऐसी बात क्यों कहते?"

फिर वह गम्भीर होकर अधेड़ मुसलमान से आगे बहस करने लगा। शायद उसे समझाने लगा कि क्यों औरत की गिनती उन चीज़ों में नहीं की जा सकती। मगर अधेड़ मुसलमान आख़िर तक सिर हिलाता रहा। उसकी एक और बात ने फिर लोगों को हँसा दिया। नवयुवक ने मेरे लिए अनुवाद किया, "कहते हैं कि औरत ही नहीं मिलेगी, तो आदमी रोटी, कपड़े और मकान का क्या करेगा? बेकार हैं सब!"

"यह जगह स्टेशन का वेटिंग हॉल नहीं, एक अच्छा-ख़ासा क्लब जान पड़ती है," मैंने नवयुवक से कहा।

"आपकी बात ग़लत नहीं है," वह बोला। "हम लोग रोज़ दोपहर को यहाँ चले आते हैं। छोटी-सी शान्त जगह है,दोपहर काटने के लिए बहुत अच्छी है। चाय, कॉफ़ी और खाने-पीने की दूसरी चीज़ें भी यहाँ मिल जाती हैं। एक से साढ़े चार के बीच कोई गाड़ी नहीं आती, इसलिए आदमी चाहे, तो आराम से सो भी सकता है। हवादार जगह होने से गर्मियों के लिए बहुत ही अच्छी है। हम जितने लोग यहाँ आते हैं, सबके सब बेकार हैं। बेकारी का वक़्त घर बैठकर उतनी आसानी से नहीं कटता, जितनी आसानी से यहाँ कट जाता है।"

उसके बाद मैं दो घंटे और वहाँ रहा—गाड़ी के आने तक। गाड़ी में बैठा, तो उस नवयवुक के अलावा और भी दो-तीन लोगों ने प्लेटफॉर्म से मुझे विदा दी। उतनी देर में मुझे भी उस बेकार-समाज की अस्थायी सदस्यता मिल गयी थी। गाड़ी आगे निकल आयी, तो भी काफ़ी देर मन से मैं तेल्लीचेरी में ही बना रहा—मन्दिर के अहाते में, उस पगडंडी के पास जहाँ ज़मीन की ख़ुदाई हो रही थी, मुस्लिम होटल की मैली जालियों के अन्दर और थर्ड क्लास के से वेटिंग हॉल में। लग रहा था कि जगह-जगह बिखरे ऐसे कितने छोटे-छोटे केन्द्र हैं जो परोक्ष रूप से हमारे जीवन की दिशा निर्धारित करते हैं...परन्तु उन केन्द्रों पर रहनेवाले लोग स्वयं शायद फिर भी अनिर्धारित ही रह जाते हैं...कभी-कभी जीवन-भर।

## कॉफ़ी, इनसान और कुत्ते

'ऊटी पचहत्तर मील'—सामने मील के पत्थर पर ख़ुदे अक्षरों को मैं कई क्षण देखता रहा। कालीकट से चुन्देल आकर मैं वहाँ से उतरा ही था। सामान कालीकट छोड़

आया था। चलते समय मुझे पता नहीं था कि मैं ऊटी की सड़क पर जा रहा हूँ। अब चुन्देल पहुँचकर उस मिल के पत्थर को देखते हुए मन होने लगा कि अगली बस से ऊटी चला जाऊँ—कुल पचहत्तर मील का ही तो सफ़र है। पर रात काटनी पड़ती आठ हज़ार फ़ुट की ऊँचाई पर और गले में थी सिर्फ़ एक सूती कमीज़। मैंने आँखें मील के पत्थर से हटायीं और कच्चे रास्ते पर आगे चल दिया।

उससे पहली शाम मैंने कालीकट के समुद्र-तट पर बितायी थी। जिस समय वहाँ पहुँचा, उस समय जितने भी लोग वहाँ थे, सबके सब एक-दूसरे से दूर अलग-अलग दिशाओं में मुँह किये लेट या बैठे थे। लगता था हर-एक को दुनिया से किसी-न-किसी बात की नाराज़गी है—या अपने अस्तित्व को लेकर कुछ ऐसी चिन्ता है जिसका समाधान उसे यहाँ से ढूँढ़कर जाना है। हर आदमी ने अपना एक अलग कोण बना रखा था। एक जगह तीन आदमी कुहनियों पर सिर रखे आगे-पीछे लेटे थे—एक-दूसरे से दो-दो फ़ुट का फ़ासला छोड़कर। उन्होंने शायद अपनी व्यक्ति-भावना और समष्टि-भावना का समन्वय कर रखा था। लेकिन कुछ देर बाद वहाँ चहल-पहल हो गयी, तो ये सारे व्यक्तिवादी, अपने कोणों सहित, उस भीड़ में खो गये।

कालीकट व्यापारिक नगर है। वहाँ का समुद्र-तट जहाज़ों पर माल चढ़ाने-उतारने का केन्द्र है। मुझे अपनी दृष्टि से वह समुद्र-तट ज़्यादा आकर्षक नहीं लगा, इसलिए सिर्फ़ एक रात वहाँ रहकर मैंने आगे चल देने का निश्चय कर लिया। कालीकट से चुन्देल मैं चाय और कॉफ़ी के बागीचे देखने के लिए आया था। इस जगह की सिफ़ारिश मुझसे हुसैनी ने की थी।

दो पत्तियाँ और एक कली—मैं कच्चे रास्ते से एक पौधे की पत्तियाँ तोड़कर सूँघने लगा। सामने नीलगिरि का जितना विस्तार नज़र आता था, उस पर दूर तक चाय के पौधे उगे थे। कुछ दूर ऊँचाई पर चाय की फ़ैक्टरी थी। घूमता हुआ मैं फ़ैक्टरी में चला गया। चाय की हरी-हरी पत्तियों को सूँघते-सहलाते हुए जो पुलक प्राप्त हुआ था, वह फ़ैक्टरी में यह देखकर जाता रहा कि केतली तक आने से पहले वे पत्तियाँ किस बुरी तरह सुखायी, मसली, तपायी और काटी जाती हैं। मगर फ़ैक्टरी में जो ताज़ा चाय पीने को मिली, उससे यह भावुकता काफ़ी हद तक दूर हो गयी।

फ़ैक्टरी से निकलकर फिर काफ़ी देर इधर-उधर घूमता रहा। हर तरफ़ चाय के ही बगीचे थे, कॉफ़ी का एक भी बग़ीचा नज़र नहीं आ रहा था। एक आदमी से पूछा, तो उसने सामने की तरफ़ इशारा कर दिया। जो उसने मुँह से कहा, वह मेरी समझ में नहीं आया। मैं चुपचाप उसके बताये रास्ते पर चल दिया। पर डेढ़-दो फ़र्लांग जाने पर एक दोराहा आ गया। मैं कुछ देर दुविधा में खड़ा रहा कि अब आगे

किस रास्ते से जाऊँ। एक तरफ से कुछ लोगों के बात करने की आवाज़ सुनाई दे रही थी। यह सोचकर कि आगे का रास्ता उनसे पूछ लिया जाए, मैं उस तरफ़ बढ़ गया। झाड़ियों से आगे वह एक खुली-सी जगह थी जहाँ नीचे कुछ मज़दूर खाद तैयार कर रहे थे। उनके और मेरे बीच कई गज़ तक खाद का फैलाव था। मैं खाद के ऊपर से होता हुआ उनके पास पहुँच गया। शब्दों और इशारों का पूरा इस्तेमाल करते हुए मैंने उनसे पूछा कि कॉफ़ी के बागीचे तक पहुँचने के लिए मुझे किस रास्ते से जाना चाहिए। पर वे लोग मेरी बात नहीं समझे। उनमें से एक ने आगे आते हुए मुझसे पूछा, "मलयाली?"

मैंने सिर हिलाया—नहीं।

"तामिलु?"

मैंने फिर सिर हिला दिया।

"हिन्दुस्तानी?"

"हाँ," मैंने कहा। "हिन्दुस्तानी।"

"क्या पूछता है, बोलो।" वह अब बहुत पास आ गया।

"मैं जानना चाहता हूँ कि उधर जो दो रास्ते हैं, उनमें से कॉफ़ी के बगीचे का रास्ता कौन-सा है?"

"इधर कॉफ़ी का कोई बगीचा नहीं है," वह बोला। "तुमको किसने इधर भेजा?"

मैंने उसे बता दिया मैं कैसे एक आदमी से रास्ता पूछकर उधर आया हूँ।

वह मुस्कराया। बोला, "उसने समझा तुम कॉफ़ी पीने का जगह पूछता है। इधर आगे जाने से कॉफ़ी पीने का होटल मिलेगा। कॉफ़ी का बगीचा दूसरी तरफ़ है। मेरे को इधर काम है, नहीं तो मैं चलकर तुम्हें दिखा देता।" मैं निराश भाव से सिर हिलाकर वहाँ से हटने लगा, तो उसने अपने साथियों की तरफ़ मुड़कर उनसे कुछ कहा। फिर मुझसे बोला, "अच्छा आओ, मैं तुम्हें ले चलता है।"

वह इत्मीनान से खाद पर से होता हुआ आगे-आगे चलने लगा। मैं भी टखने-टखने खाद पर हलके पैर रखता और पत्थरों पर पैर जमा कर अपना सन्तुलन ठीक करता उसके पीछे-पीछे चलने लगा। खाद से आगे एक पगडंडी पार करके हम सड़क पर पहुँच गये। वहाँ आकर उसने पूछा, "तुम इधर कैसे आया?"

"ऐसे ही—घूमने के लिए।" मैंने कहा।

"ख़ाली घूमने के लिए?" उसकी आँखों में हलकी चमक आ गयी। "कौन-कौन-सा जगह देख लिया?"

मैंने संक्षेप में उसे बता दिया कि गोआ से वहाँ तक मैं किस-किस जगह होकर आया हूँ।

''घूमने में बड़ा मज़ा है,'' वह बोला। ''मैं भी बहुत घूमा है। बर्मा, सिंगापुर, ईरान, कलकत्ता, दिल्ली, पंजाब—सब जगह देख आया है। मैं पहले फ़ौज में था। फ़ौज में ही मैं हिन्दुस्तानी सीखा है। थोड़ा-थोड़ा पंजाबी भी सीखा है। की गल्ल ए ओए कुत्ते दिया पुत्तरा!'' और वह खिलखिलाकर हँस दिया।

नीगिरि की ऊपरी चोटियों से बादल के बड़े-बड़े सफ़ेद टुकड़े इस तरह हमारी तरफ़ आ रहे थे जैसे कोई थोड़ी-थोड़ी देर बाद उन्हें एक-एक करके गुब्बारों की तरह हवा में छोड़ रहा हो। उनके सायों से घाटी में धूप और छाँह की शतरंज-सी बन रही थी। हमारे रास्ते में कुछ क्षण धूप रहती, फिर छाया आ जाती। सड़क हल्के बलखाती हुई लगातार नीचे को उतर रही थी।

मैं चलते हुए उससे उसके बारे में पूछता रहा। उसका नाम गोविन्दन् था। फ़ौज में वह अस्थायी तौर से भर्ती हुआ था। कई जगह की लड़ाइयाँ उसने देखी थीं। पर लड़ाई के बाद पहले रिट्रेंचमेंट में ही उसकी वह नौकरी समाप्त हो गयी थी। लड़ाई से पहले भी वह मज़दूरी करता था, अब लौटकर फिर वही काम कर रहा था। दिन में मज़दूरी के एक रुपया पाँच आने मिलते थे जिनसे वह अपने चार व्यक्तियों के परिवार का गुज़ारा चलाता था।

''दो हफ़्ता हुआ चाय-फ़ैक्टरी का मज़दूर लोग फ़ैक्टरी के मैनेजर को पकड़ लिया था,'' उसने बताया।

''क्यों?''

''उन लोग का माँगें मैनेजर ने नहीं माना था। बहुत गड़बड़ हुआ। पुलिस भी आया।''

''फिर?''

''अभी तो मामला चलता है। मज़दूर लोग का माँग मैनेजर को मानना पड़ेगा। नहीं मानेगा, तो मज़दूर लोग काम नहीं करेगा।''

हम लोग एक मोड़ पर आ गये थे। वहाँ रुककर गोविन्दन् ने थोड़ी दूर आगे इशारा करते हुए कहा, ''कॉफ़ी का एक बगीचा उधर है। मुझे जाकर काम करना है,नहीं तो मैं तुम्हारे साथ चलता।...पर कोई बात नहीं। मैं तुम्हें वहाँ तक छोड़ आता है।''

''तुम रहने दो,'' मैंने कहा। ''तुम्हारे काम का हर्ज़ होगा। वह सामने ही तो है, मैं चला जाऊँगा।''

''हर्ज़ क्या होगा?'' वह चलता हुआ बोला। ''मैं अपने हिस्से का काम जा के पूरा करेगा।'' और वह मुझे फ़ैक्टरी के बारे में, वहाँ की उपज के बारे में और मज़दूरों की ज़िन्दगी के बारे में कई और बातें बतलाने लगा। एक जगह उसने मुझे एक खट्टे फल का पेड़ दिखाया और बताया कि वे लोग उस फल के साथ मछली

पकाकर खाते हैं। फिर एक पेड़ के पास रुककर उसने कहा, ''यह हिन्दुस्तान का सबसे होनहार पेड़ है—इसे पहचानता है?''

''कौन-सा पेड़ है यह?'' मैंने पूछा।

''काजू का—जो हर साल कितना-कितना डालर कमाता है।''

''पेड़ मैंने रास्ते में भी देखा है,'' मैंने कहा। ''पर इसमें काजू कहाँ लगे हैं?''

''अभी मौसम का शुरू है, अभी इसमें फल नहीं निकला। मौसम में इसमें पीला-पीला लाल-लाल फल लगेगा। तुम लोग की तरफ़ फल नहीं जाता, सिर्फ़ दाना जाता है। हर फल के साथ एक दाना उगता है।...ठहरो, वह एक फल लगा है। मैं अभी तुमको उतारकर देता है।''

वह पेड़ पर चढ़ गया। फल पेड़ की सबसे ऊँची टहनी पर था। पक्की डाल पर खड़े होकर उसका हाथ फल तक नहीं पहुँचा। उसने एक पैर कच्ची डाल पर रख दिया, फिर भी हाथ नहीं पहुँचा।

''रहने दो,'' मैंने कहा। ''डाल टूट जाएगी।''

''तुम कितना दूर से आया है,'' वह बोला। ''मैं एक पैर और नहीं चढ़ सकता?'' उसने दूसरा पैर भी कच्ची डाल पर रख दिया। डाल बुरी तरह लचक गयी, मगर उसने फल तोड़कर नीचे फेंक दिया। मैंने फल उठा लिया। ज़रा मरोड़ने से नीचे लगा दाना अलग हो गया। उसे जेब में रखकर मैं फल खाने लगा।

गोविन्दन् नीचे उतर आया, तो मैंने उससे पूछा, ''मौसम में यह फल यहाँ खूब खाया जाता है?''

''खाया भी जाता है और फेंका भी जाता है,'' वह बोला। ''पहले इसका शराब बनता था, पर अब शराब निकालने का मना है। निकालने वाला अब भी निकालता है, पर बहुत-सा फल ऐसे ही जाता है। आज़ाद मुल्क में ऐसा-ऐसा चीज़ का कौन परवाह करता है?''

हम कॉफ़ी के बगीचे में पहुँच गये। ढलानों पर कॉफ़ी के पेड़ों के साथ-साथ नारंगियाँ और काली मिर्चें लगायी गयी थीं। कई-एक स्त्री-पुरुष कॉफ़ी के लाल-लाल बेर टोकरियों में जमा कर रहे थे। कहीं पहले के तोड़े बेर सूख रहे थे, कहीं ताज़ा बेर सूखने के लिए फैलाये जा रहे थे। गोविन्दन् ने बताया कि चार-पाँच दिनों में जब बेर सूखकर काले पड़ जाते हैं, तो वहाँ से क्योरिंग के लिए भेज दिये जाते हैं। यह भी बताया कि उस ज़मीन में पानी देने की ज़रूरत नहीं पड़ती। वह अपने अन्दर के पानी से ही पौधों को हरा रखती है।

तभी ऊपर की तरफ़ से कुछ कुत्तों के ज़ोर-ज़ोर से भौंकने की आवाज़ सुनाई देने लगी। एक मज़दूर लड़की दौड़ती हुई उधर से आयी और ऊपर की तरफ़ इशारा

करके उसने गोविन्दन् से कुछ कहा। गोविन्दन् ने मुझे बताया कि मालिक ने ऊपर से उस लड़की को यह पूछने के लिए भेजा है कि मैं कौन हूँ और बिना इजाज़त उसकी ज़मीन पर क्यों आया हूँ। फिर आवाज़ ज़रा धीमी करके वह बोला, ''वह डरता है कि उस दिन जिस तरह मज़दूर लोग चाय-फ़ैक्टरी का मैनेज़र को पकड़ लिया, उसी तरह इसको भी न पकड़ ले। सोचता है तुम शायद मज़दरों के बीच प्रोपेगेंडा करने के वास्ते आया है। इस आदमी के पास यहाँ तीन-चार सौ एकड़ ज़मीन है। हर साल एक-एक एकड़ से इसको चार-चार पाँच-पाँच हज़ार रुपये आमदनी होती है।''

कुत्ते भौंकते हुए हमारी तरफ़ उतर रहे थे। उनका गोरा मालिक डंडा हाथ में लिये उनके पीछे-पीछे आ रहा था। गोविन्दन् ने अपनी भाषा में लड़की से कुछ कहा, फिर मुझसे बोला, ''आओ, चलें। यहाँ ठहरने में ख़तरा है। इस आदमी का कुत्ता बहुत ज़बरदस्त है।''

लड़की डरी-सी लौट गयी। कुत्ते अब काफ़ी नीचे आकर भौंक रहे थे। हम लोग वापस चलने लगे, तो गोविन्दन? बोला, ''देखो, कितना बड़ा-बड़ा कुत्ता है और कैसे भौंकता है! ऐसे आदमी को आदमी की मदद का तो भरोसा नहीं है न। ख़ाली कुत्ते का ही भरोसा है।'' अपनी इस बात से ख़ुश होकर वह हँसा। बात उसने ऐसे ढंग से कही थी कि मुझे भी हँसी आ गयी।

''अकेला आदमी है,'' गोविन्दन् कहता रहा। ''न बीवी है, न बच्चा है। दोस्त-यार, सगा-सम्बन्धी, जो कुछ है, यह कुत्ता ही है।''

कुत्ते उसी तरह भौंक रहे थे। मालिक उनसे काफ़ी पीछे खड़ा डंडा हिलाता हुआ हमें लौटते देख रहा था।

हम लोग ऊपर सड़क पर पहुँच गये, तो गोविन्दन् बोला, ''पता नहीं किस तरह यह आदमी अपनी ज़िन्दगी काटता है। दिन-भर करने को कुछ होता नहीं। ख़ाली कमरे में बैठा रहता है, या डंडा और कुत्ता लिये घूमता रहता है। जब यह मरकर परमात्मा के घर जाएगा, तब भी डंडा और कुत्ता रखवाली के लिए साथ लेता जाएगा। पर पता नहीं कुत्ता वहाँ इसके साथ जाने को तैयार होगा या नहीं।'' इस बात पर हम दोनों फिर हँस दिये।

हम लोग लौटकर वहाँ पहुँच गये थे जहाँ से गोविन्दन् मेरे साथ चला था। उसे धन्यवाद देकर मैं उससे विदा लेने लगा, तो नीचे काम करते अपने साथियों को आवाज़ देकर उसने उनसे कुछ कहा और मुझसे बोला, ''मैं तुम्हारे साथ बस की सड़क तक चलता है। काम तो मेरे हिस्से का रखा है, मैं आ के पूरा करेगा।'' और वह फिर मेरे साथ आगे चल दिया।

## बस यात्रा की साँझ

चुन्देल से कालीकट के रास्ते में...।

बस एक छोटी-सी बस्ती के बाज़ार में रुकी थी। एक तरफ़ तीन-चार दुकानें थीं, दूसरी तरफ़ पत्थरों की मुँडेर। नीचे घाटी थी। सभी लोग बस से उतरकर वहाँ चाय-कॉफ़ी पीने लगे। सिर्फ़ एक इकन्नी में कॉफ़ी का बड़ा-सा गिलास पीकर मैं दुकान से सड़क पर आया, तो देखा कि दिन का रंग सहसा बदल गया है। लग रहा था—जैसे आँधी आनेवाली हो। पहाड़ पर आँधी नहीं आती, इसलिए आश्चर्य भी हुआ। पर असल में आँधी-वाँधी कुछ नहीं थी—अस्त होते सूर्य के आगे बादल का एक टुकड़ा आ गया था।

च्वि-च्वीयु!...च्वि-च्वीयु—एक पक्षी लगातार बोल रहा था। मुझे लगा जैसे बार-बार वह मुझसे कुछ कह रहा हो। मन हुआ कि उसी की भाषा में मैं भी उसे उत्तर दूँ। कहूँ, "च्वि-व्वियु दोस्त, च्वि-च्वीयु! कहो, क्या हालचाल हैं तुम्हारे?"

मैं टहलता हुआ मुँडेर के पास चला गया और नीचे घाटी की तरफ़ देखने लगा। एक युवती तीन-चार गौओं को हाँकती ऊपर सड़क की तरफ़ आ रही थी। जिस वेश में वह थी, उसमें मैंने कालीकट से आते हुए कई स्त्रियों को देखा था—दूधिया सफ़ेद तहमद, उतनी ही सफ़ेद चोली और वैसा ही सफ़ेद पटका। पटका बाँधने का उनका अपना ख़ास ढंग है। गज़-भर कपड़े का टुकड़ा लेकर एक तरफ़ के सिरों को वे सिर के पीछे गाँठ दे लेती हैं और दूसरी तरफ़ के सिरों को खुला छोड़ देती हैं। कन्नड़ नवयुवतियों के इस वेश को देखकर चित्रों में देखी मिस्र की रमणियों की याद हो आती है। परन्तु इस वेश की सादगी एक अतिरिक्त विशेषता है जो उस तुलना में नहीं रखी जा सकती।

युवती गौओं के साथ सड़क पर पहुँच गयी और सीधी सधी हुई चाल से आगे चलती गयी। मेरा ध्यान तब आसपास मँडराती तितलियों में उलझ गया। सब एक ही तरह की तितलियाँ थीं—हरा शरीर और उस पर स्याह रंग के उलझे हुए दायरे। उनसे थोड़ी दूर कुछ और तितलियाँ थीं—गहरा मटियाला रंग और सफ़ेद बार्डर के पंख। वे सब ज़मीन से दो-एक फ़ुट की ऊँचाई पर ही उड़ रही थीं—जैसे कि उससे ऊँचा उड़ पाना उनके पंखों के लिए भारी पड़ता हो।

ड्राइवर ने हॉर्न दे दिया। मैं ड्राइवर के साथ की अपनी सीट पर जा बैठा। सूर्यास्त के बाद आकाश का रंग इस तरह बदल रहा था कि एक-एक क्षण में होनेवाले परिवर्तन को लक्ष्य किया जा सकता था। वह पक्षी उसी तरह बोल रहा था—च्वि-च्वीयु! च्वि-च्वीयु बस चल दी। मैं खिड़की से झाँककर देखने लगा।

पक्षी की आवाज़ पीछे रहती जा रही थी। आगे घनी हरियाली में वृक्षों के नये सुर्ख़ पत्ते ऐसे लग रहे थे जैसे जगह-जगह सुर्ख़ फूलों के गुच्छे लटक रहे हों। एक मोड़ के बाद हम पहाड़ी के उस हिस्से में आ गये जहाँ बस डेढ़-दो हज़ार फ़ुट की सीधी ऊँचाई से चक्कर काटती हुई नीचे उतरती है। वहाँ से ज़मीन छोटी-छोटी नदियों, टीलों और हरियाली के द्वीपों का समूह नज़र आती है। ज्यों-ज्यों बस नीचे उतर रही थी, उस दृश्य के फैलाव पर अँधेरा घिरता जा रहा था। लग रहा था जैसे उजाले की दुनिया से हम लोग नीचे अँधेरे की दुनिया में उतर रहे हों।

जब तक हम नीचे पहुँचे, अँधेरा पूरी तरह घिर आया था। पर न जाने क्यों मुझे लग रहा था कि वह पक्षी अपनी झाड़ी में बैठा अब भी लगातार उसी तरह बोल रहा होगा—च्वि-च्वीयु! च्वि-च्वीयु! मेरा मन अपने अन्दर की किसी अनुभूति से उदास होने लगा। वह अनुभूति अपने एक आत्मीय को किसी अनजान बस्ती में रात को अकेला छोड़ आने-जैसी थी—बावजूद इसके कि वह लगातार मुझे पीछे से पुकारता रहा था—च्वि-च्वीयु! च्वि-च्वीयु!

## सुरक्षित कोना

कालीकट से अर्णाकुलम् जाते हुए मैं रास्ते में त्रिचुर उतर गया—वडक्कुनाथन् का मन्दिर देखने के लिए। मन्दिर के पश्चिमी गोपुरम् के बाहर बने विशाल स्तम्भ के पास रुककर मैं कई क्षण उसकी भव्यता को मुग्ध आँखों से देखता रहा। फिर वहाँ से हटकर अन्दर को चला, तो पूजा करके लौटते एक युवक ने मुझे रोक दिया। ध्यान से मुझे देखते हुए कहा, "आप मन्दिर में जाना चाहते हैं?"

मैंने चिढ़े हुए भाव से उसकी तरफ़ देखा और सिर हिला दिया।

"परन्तु इस वेश में आप अन्दर नहीं जा सकते," वह बोला। "अन्दर जाने के लिए आवश्यक है कि आप उचित वेश में हों—जिस वेश में इस समय मैं हूँ।"

वह दो गज़ की दक्षिणी धोती तहमद की तरह बाँधे था और कन्धे पर गज़-भर का टुकड़ा अँगोछे की तरह लिये था। गले में कुछ भी नहीं था। मुझे लगा कि मुझे बिना मन्दिर देखे ही लौट जाना होगा क्योंकि न तो वे कपड़े मेरे पास थे, न ही मैं ख़रीदकर पहनने का तरद्दुद कर सकता था। मैं वहाँ से लौटने को हुआ, तो उस युवक ने पूछ लिया, "आप कहाँ से आये हैं?"

"आज कालीकट से आ रहा हूँ," मैंने कहा। "वैसे पंजाब से आया हूँ।"

"इतनी दूर से? बहुत दूर से आये हैं आप!" वह बात बहुत कोमल ढंग से कर रहा था। चेहरे से भी बहुत सौम्य जान पड़ता था। "आप मन्दिर देखना चाहते हैं, तो एक काम हो सकता है," वह सहानुभूति के साथ बोला। "मेरा घर यहाँ से दूर नहीं है। आपको आपत्ति न हो, तो मैं वहाँ चलकर आपको धोती और अँगोछा दे सकता हूँ। आपको आपत्ति तो नहीं होगी न?" उसका स्वर ऐसा था जैसे मेरे लिए कुछ करने की जगह वह मुझसे अपने लिए कुछ करने को कह रहा हो।

"मुझे आपत्ति क्यों होगी?" मैंने कहा। "मैं तो बल्कि आपका आभार मानूँगा कि मुझे बिना मन्दिर देखे नहीं लौट जाना पड़ा।"

"तो चलिए," वह बोला। "मैं ब्राह्मण हूँ, इसलिए आपत्ति की कोई बात भी नहीं है? मैंने केवल इसलिए पूछा था कि आपको धोती बाँधने में अड़चन न हो। मेरे लिए तो यह ख़ुशी की बात है कि मैं आपका इतना-सा काम कर सकूँ। आप इतनी दूर से आये हैं...।"

घंटा-भर बाद धोती बाँधे और कन्धे पर अँगोछा रखे मैंने मन्दिर के पश्चिमी गोपुरम् से उसके साथ अन्दर प्रवेश किया। तब तक मैं उसके विषय में थोड़ा-बहुत जान चुका था। उसका नाम 'श्रीधरन्' था। वह वहीं की एक धार्मिक संस्था में काम करता था। उस दिन इतवार होने से उसे छुट्टी थी।

मैं काफ़ी देर उसके साथ मन्दिर में घूमता रहा। वहाँ उस दिन मेरा कुछ नये देवताओं से परिचय हुआ। परम शिव, विघ्नेश्वर, पार्वती, शंकर-नारायण, राम और गोलाप-कृष्ण—ये सब परिचित देवता थे। नये देवता थे सिंहोदर (जिसे शिव-गण का मुखिया माना जाता है), धर्मशास्ता अय्यप्पा (जिसे शिव और मोहिनी-रूप विष्णु के संयोग से उत्पन्न माना जाता है, और जो भक्तों की नयी पीढ़ी का प्रिय देवता है) और कलि (जिसके सम्बन्ध में पुजारियों का विश्वास है कि वह दिन-प्रति-दिन आकार में बड़ा हो रहा है)।

देवताओं का परिचय देने के बाद श्रीधरन् मुझे कूथाम्बलम् में ले गया। वह वहाँ की नाट्यशाला थी जहाँ पौराणिक गाथाओं का अभिनय के साथ सस्वर पाठ किया जाता है। वहाँ से लौटते हुए वह मुझे मन्दिर के प्रधान उत्सव त्रिचुरपुरम् के विषय में बताने लगा। त्रिचुरपुरम् हर साल अप्रैल के महीने में पड़ता है। उस रात मन्दिर के बाहर थाकिनकाड मैदान में हज़ारों रुपये की आतिशबाज़ी चलायी जाती है। जिन दिनों ईस्ट इंडिया कम्पनी के साथ कोचिन का सम्बन्ध स्थापित हुआ, उन दिनों वहाँ राजा राम वर्मा का राज्य था। राम वर्मा को लोग शक्थ थम्पूरन् (योग्य शासक) के नाम से भी जानते हैं। राम वर्मा ने त्रिचुर के एक अभिजात नायर परिवार की कन्या के साथ विवाह किया था। त्रिचुरपुरम् उसी अवसर की याद में मनाया जाता है। उन दिनों मन्दिर के दक्षिण की ओर सागवान का घना जंगल था। जिस

व्यक्ति को मृत्यु-दंड दिया जाना होता, उसे उस जंगल में भेज दिया जाता था और जंगली जानवर वहाँ उसे खा जाते थे। राम वर्मा ने अपने विवाह के अवसर पर वह जंगल कटवा दिया था जिससे त्रिचुर के लोगों में उसका मान बहुत बढ़ गया था।

बात करते हुए हम लोग वापस श्रीधरन् के घर पहुँच गये। वहाँ आकर मैंने कपड़े बदल लिये। श्रीधरन् ने अनुरोध किया कि जाने से पहले मैं कॉफ़ी की प्याली पी लूँ। उसके चेहरे के भाव और हाथों के हिलने से कुछ घबराहट और उत्तेजना झलक रही थी। वह मुझे बता चुका था कि त्रिचुर के बाहर का मैं पहला व्यक्ति हूँ जो उनके यहाँ अतिथि के रूप में आया हूँ। मुझे बाहर के कमरे में छोड़कर वह कॉफ़ी लाने के लिए अन्दर चला गया। मैं उस बीच कमरे के फ़र्श और दीवारों पर नज़र दौड़ाता रहा।

मन्दिर जाने से पहले श्रीधरन् ने जो कुछ बताया था, उससे मैं जान चुका था कि व अपनी माँ के साथ घर में अकेला रहता है। उम्र पैंतीस की हो चुकी थी, फिर भी उसने ब्याह नहीं किया था। आगे भी उसका ज़िन्दगी-भर ब्याह करने का विचार नहीं था। वह बहुत छोटा था जब उसके पिता का देहान्त हो गया था। बीच में कई बार छोड़कर अट्ठाईस साल की उम्र में उसने मुश्किल से बी.ए. की पढ़ाई पूरी की थी। माँ धार्मिक विचारों की थीं—घर के काम-काज से जितना समय बचता, सारा पूजा-पाठ में बिताती थीं। श्रीधरन् पर शुरू से ही माँ का बहुत प्रभाव था। इसलिए बी.ए. करते ही उसने धार्मिक संस्था की यह नौकरी कर ली थी। दूसरी किसी नौकरी की बात उसने सोची ही नहीं थी। यहाँ से कुल पैंतीस रुपया महीना मिलता था। त्रिचुर के बाहर सवा सौ की एक नौकरी मिल रही थी, पर वह त्रिचुर छोड़कर जाने की कल्पना भी नहीं कर सकता था। आज तक सिर्फ़, एक बार वह त्रिचुर से बाहर गया था—कालीकट। पर वहाँ से लौटने पर उसे कई दिन बुख़ार आता रहा। माँ का विश्वास था कि भगवान् वडक्कुनाथन् की सेवा से दूर जाने के कारण ही ऐसा हुआ है। स्वयं श्रीधरन् को भी इस बात का पूरा विश्वास था। माँ स्वयं घर से मन्दिर की सड़क को छोड़कर जीवन-भर त्रिचुर की ओर किसी सड़क पर भी नहीं गयी थीं। सिर्फ़ एक बार श्रीधरन् माँ को एक धार्मिक चित्र दिखाने ले गया था। उस रात माँ ने एक बहुत बुरा सपना देखा और निश्चय कर लिया कि भविष्य में अपने निश्चित रास्ते को छोड़कर और किसी रास्ते पर कभी नहीं जाएँगी। श्रीधरन् को गर्व था कि उनके घर का वातावरण बहुत शान्त है—और घरों की तरह कलह-क्लेश की ध्वनियाँ वहाँ की शान्ति को भंग नहीं करतीं। माँ को और उसे इस शान्ति का इतना अभ्यास था कि वे ऐसे किसी परिवर्तन के लिए तैयार नहीं थे जिससे वह वातावरण बदल जाए। श्रीधरन् के ब्याह न करने का भी यही कारण था। माँ उसके इस जितेन्द्रिय संकल्प से सन्तुष्ट थीं। सोचती थीं कि आजीवन ब्रह्मचर्य का पालन करके

लड़का अपना परलोक सुधार रहा है। आगे चलकर असुविधा न हो, इसलिए एक समय का चौका-बर्तन श्रीधरन् अपने हाथ से करता था।

फ़र्श इस तरह चमक रहा था कि धूल का एक ज़र्रा भी हो, तो साफ़ नज़र आ जाए। श्रीधरन् ने बताया था कि माँ बड़ी मेहनत से हर रोज़ पूरे घर की सफ़ाई करती हैं। यूँ घर काफ़ी ख़स्ता हालत में था और दीवारों में जगह-जगह दरारें पड़ी थीं। घर में कुल तीन कमरे थे। एक आगे का जिसमें मैं बैठा था। उससे पीछे का कमरा रसोई का था। तीसरा कमरा जिसे मैं नहीं देख सका, रसोई से पीछे था और वहाँ काफ़ी अँधेरा था। माँ उसी कमरे में रहती थीं और वहीं उन्होंने एक छोटा-सा मन्दिर भी बना रखा था। घर के आँगन में घर का अपना कुँआ था जिस पर मन्दिर जाने से पहले मैं नहाया था। घर से निकलने पर पहले घर की ही एक छोटी-सी गली थी जिसके साथ पाँच फ़ुट की दीवार उठी हुई थी। इस गली के सिरे पर एक छोटा-सा दरवाज़ा था जो बाहर की गली में खुलता था। उस दरवाज़े को बन्द कर देने से वह घर-बाहर की दुनिया से बिल्कुल कट जाता था। अन्दर की गली में, घर की सीढ़ियों के पास, एक बड़ा-सा पीपल का पेड़ था जिसकी सूखी पत्तियाँ टूट-टूटकर खिड़की के रास्ते अन्दर के चमकते फ़र्श पर आ गिरती थीं। घर की ख़ामोशी में पत्तियों के फ़र्श पर घिसटने का शब्द ऐसे लगता था जैसे कोई अपने नाख़ूनों से उस एकान्त को छील रहा हो।

श्रीधरन् कॉफ़ी की दो प्यालियाँ एक थाली में लिये हुए अन्दर से आ गया। उसके चेहरे पर उत्तेजना और घबराहट पहले से बढ़ गयी थी। प्यालियाँ वह तिपाई पर रखने लगा, तो मैंने देखा कि उसका हाथ भी ज़रा-ज़रा काँप रहा है। उसने एक प्याली मुझे दी और दूसरी प्याली अपने लिए उठाता हुआ प्रयत्न के साथ मुस्कराया। परन्तु वह मुस्कराहट मुस्कराहट नहीं, अपने अन्दर के कसी आवेग को रोकने की कोशिश थी। कुछ देर चुपचाप कॉफ़ी पीते रहे। फिर मैंने उससे पूछ लिया कि वह अपना छुट्टी का दिन किस तरह बिताता है।

"मन्दिर से लौटकर माँ को 'भगवद्गीता' का पाठ सुनाता हूँ," वह किसी तरह अपनी घबराहट पर क़ाबू पाने की चेष्टा करता बोला। "उसके बाद...रामकृष्ण आश्रम के स्वामीजी के पास चला जाता हूँ। वहाँ से आकर...आकर माँ को उनका प्रवचन सुनाता हूँ। फिर खाना खाकर कुछ देर स्वाध्याय करता हूँ। सायंकाल फिर मन्दिर में चला जाता हूँ। मन्दिर से लौटने तक खाना बनाने का समय हो जाता है। मैंने आपको बताया था न कि रात का खाना मैं अपने हाथ से बनाता हूँ।"

"हमेशा यह एक ही तरह का कार्यक्रम रहने से कभी आपका मन नहीं ऊबता?" मेरे मुँह से ये शब्द निकलते-न-निकलते श्रीधरन् का चेहरा पीला, फिर स्याह पड़ गया। उसने जल्दी से एक नज़र अन्दर की तरफ़ देख लिया, फिर दबे

स्वर में कहा, ''देखिए, ऐसी बात आपको नहीं कहनी चाहिए। माँ अँग्रेज़ी नहीं समझतीं—नहीं तो यह बात सुनकर उन्हें बहुत दुःख होता।''

मुझे अफ़सोस हुआ कि मैंने ऐसी बात क्यों पूछ ली। मैंने क्षमा माँगते हुए उससे कहा कि मैं केवल जानकारी के लिए पूछ रहा था—किसी तरह की आलोचना करना मेरा उद्देश्य नहीं था।

''आपको ऐसा लग सकता है,'' श्रीधरन् काँपते स्वर में बोला। ''परन्तु हमारे लिए इससे सुखकर जीवन का कोई रूप हो ही नहीं सकता। आप बाहर के आदमी हैं, इसलिए आप...आप शायद इस चीज़ को नहीं समझ सकते।'' फिर एक बार अन्दर की तरफ़ नज़र डालकर अटकते स्वर में उसने कहा, ''हमें तो लगता है कि धर्म-चर्चा के लिए अब भी हमें बहुत कम समय मिल पाता है। आदमी कितना कुछ और कर सकता है—पर बहुत-सा समय घर के कामों में व्यर्थ चला जाता है।''

सहसा बहुत ही अव्यवस्थित होकर वह उठ खड़ा हुआ और बड़े-बड़े पग उठाता अन्दर चला गया। मैं कॉफ़ी पी चुका था। प्याली रखकर मैं दीवार पर लगे चित्रों को देखने लगा। धर्मशास्ता अय्यप्पया और अभिजात नायर-परिवार की सुन्दरी। राजा राम वर्मा और ईस्ट इंडिया कम्पनी का कप्तान। रामकृष्ण मिशन के स्वामीजी। श्रीधरन् की माँ। रामेश्वर का मन्दिर...।

श्रीधरन् लौट आया। उसका चेहरा अब और भी बेजान हो रहा था। मैं उसके आते ही उठ खड़ा हुआ। उसे धन्यवाद देते हुए मैंने कहा कि मैं अब वहाँ से चलना चाहूँगा। ''चलने से पहले एक बार अन्दर जाकर माँ को भी धन्यवाद दे दूँ...।''

''चलना चाहेंगे आप?'' श्रीधरन् बहुत आकस्मिक ढंग से बोला। ''तो आइए मैं आपको बाहर दरवाज़े तक छोड़ दूँ।''

''हाँ, बस एक बार अन्दर माँ से मिल लूँ...।''

''नहीं, नहीं,'' श्रीधरन् जैसे किसी संकट में पड़कर हाथ झाड़ता बोला। ''माँ की तबीयत ठीक नहीं है। सिर में दर्द है—शायद थोड़ा बुख़ार भी है। आप उनसे...मेरा मतलब है आप अगर उनसे...देखिए बुरा नहीं मानिएगा। हमारे घर का वातावरण कुछ दूसरी तरह का है। आपको शायद...शायद मैं समझा नहीं सकूँगा...।''

''अच्छा, आप मेरी तरफ़ से उन्हें धन्यवाद दे दीजिएगा,'' मैंने कहा। बात कुछ-कुछ मेरी समझ में आ रही थी। श्रीधरन् की आँखें डरी-डरी-सी हो रही थीं। लग रहा था जैसे वह अपने एक अपराध को सामने मूर्त्त-रूप में देख रहा हो। मेरा वहाँ आना शायद उस घर के जीवन की तीसरी मनहूस घटना थी। ''मुझे दुःख है कि उनका स्वास्थ्य ठीक नहीं है। वे स्वस्थ होतीं, तो मैं अवश्य उनसे मिलकर जाता।''

मैं हाथ जोड़कर चलने को हुआ, तो श्रीधरन् बोला, ''मैं आपके साथ दरवाज़े

तक चल रहा हूँ। बुरा नहीं मानिएगा। इस घर में बाहर का आदमी पहले कभी नहीं आया। इसीलिए...इसलिए शायद माँ...।'' और वह जैसे अपनी ही बात में उलझकर चुप कर गया।

अन्दर की गली के दरवाज़े तक वह मेरे साथ आया। वहाँ से उसने हाथ जोड़ दिये। मैंने भी हाथ जोड़ दिये। मैं बाहर निकलकर खुली गली में चलने लगा। श्रीधरन ? ने दरवाज़ा बन्द कर लिया।

## भास्कर कुरुप

अर्णाकुलम्, कोचिन।

कोचिन के समुद्र-तट से लौटते हुए गेट के पास आकर मैं एक पुरानी इमारत को देखने के लिए रुक गया। वहाँ जो लड़के खेल रहे थे, उनमें से एक ने पूछने पर बताया कि उस जगह का नाम मटनचरी पैलेस है—हिज़ हाइनेस का पुराना पैलेस।

मैंने पैलेस देखने की इच्छा प्रकट की, तो लड़का भागता हुआ चौकीदार को बुलाने चला गया। दो मिनट बाद आकर बोला, ''इन सीढ़ियों से ऊपर चले जाइए। चौकीदार अन्दर से दरवाज़ा खोल रहा है।''

मैं ऊपर चला गया। चौकीदार ने दरवाज़ा खोल दिया था। मेरे ड्योढ़ी में पहुँचने पर उसने गम्भीर भाव से दीवार पर लगे बोर्ड की तरफ़ इशारा कर दिया। ख़ुद आँखें नीची किये दरवाज़े के पास खड़ा रहा।

मैंने बोर्ड पर पढ़ा कि वह महल डच काल में बना था और कि वहाँ के कुछ कमरों की दीवारों पर बने चित्र उस काल की कला के उत्कृष्ट उदहारण हैं। एक कमरे के रामायण म्यूरेल का विशेष उल्लेख था।

मैं पढ़ चुका, तो चौकीदार उँगली में चाबी लटकाये चुपचाप आगे-आगे चल दिया। पहले वह मुझे जिस कमरे में ले गया, उसकी दीवारों पर शिव-पार्वती, अर्द्ध-नारीश्वर और लक्ष्मी-पार्वती के चित्र बने थे। अर्द्ध-नारीश्वर के चित्र में मुझे रंगों की योजना बहुत आकर्षक लगी। मैं कुछ देर रुककर उस चित्र को देखता रहा। चित्र से आँखें हटाते हुए मुझे लगा कि चौकीदार बहुत ध्यान से मेरे चेहरे को देख रहा है। मुझसे आँखें मिलने पर वह कुछ कहने को हुआ,पर चुप रह गया। मैं उसके बाद कुछ देर एक और चित्र के पास रुका रहा। वहाँ से हटने लगा, तो फिर देखा कि चौकीदार उसी तरह मुझे ताक रहा है। इस बार वह साहस करके थोड़ा पास आ गया

और बोला, ''इस चित्र में देखने को बहुत कुछ है—विशेष रूप से चेहरे का भाव और उँगलियों की स्थिति। यह कथाकलि की मुद्रा है।''

मैंने अब आश्चर्य के साथ उसकी तरफ़ देखा। बात उसने साफ़ अँगरेज़ी में कही थी—जो निःसन्देह रटी हुई भाषा नहीं थी। मैं और कुछ देर रुककर उस चित्र को देखता रहा। देखते हुए लगा कि पहली बार सचमुच मैं उसकी वह विशेषता लक्ष्य नहीं कर पाया था। इस बार मेरी आँखें चौकीदार की तरफ़ मुड़ीं, तो वह थोड़ा दूर खड़ा था और आँखें झुकाए कोने की तरफ़ देख रहा था।

वहाँ से निकलकर हम नीचे के एक कमरे में चले गये। वहाँ मटियाली सफ़ेद पृष्ठभूमि पर भूरी लकीरों से बने चित्र थे। विषय था पार्वती-विवाह। दीवार के एक कोने से शुरू करके बीच के हिस्से तक अरुन्धती और सप्तर्षियों का शिव से प्रार्थना करना कि असुर-विनाश के लिए वे विवाह कर लें तथा विवाह के लिए शिव का सज्जित होकर आना। शेष हिस्से में पार्वती के यहाँ विवाह की तैयारी तथा विवाह। कुछ जगह सफ़ेदी करनेवालों ने चित्रों पर अपनी कूचियाँ चला दी थीं। उस ओर संकेत करके चौकीदार ने कहा, ''किसी भले आदमी को ये दीवारें मैली नज़र आती थीं। उसने इन्हें सफ़ेद करने की कोशिश की है।''

मैंने फिर उसकी तरफ़ देख लिया। यह भी लोगों को प्रभावित करने के लिए रटी गयी टिप्पणी नहीं हो सकती थी।

''कब की बात है यह?'' मैंने पूछा।

उसने मुँह में कुछ कहा जो मेरी समझ में नहीं आया। शायद इसका उत्तर उसे मालूम नहीं था।

''तुम कब से काम कर रहे हो यहाँ?'' मैंने इसलिए पूछा कि शायद यह बात उसके वहाँ नौकरी करने से पहले की हो।

''मैं यहीं पैदा हुआ था,'' वह बोला। ''यहीं पीछे हमारा घर है।''

मैंने उससे और नहीं पूछा। वह वहाँ से मुझे साथ के एक और कमरे में ले गया। वहाँ की दीवारों पर शिव-मोहिनी से लेकर पशु-पक्षियों तक के रति-समय के चित्र थे। वह वहाँ गोवर्द्धन पर्वत के चित्र की ओर संकेत करके बोला, ''देखिए, इसमें पशु-पक्षियों के जीवन का कितना सूक्ष्म अध्ययन है।''

चित्र में सचमुच पर्वत-जीवन का बहुत सूक्ष्म और विस्तृत अध्ययन था, हालाँकि एक विसंगति भी उसमें थी। चित्रकार ने ब्रज के गोवर्द्धन पर्वत पर शेर और हरिण भी एकत्रित कर दिये थे। कुछ चित्रों में—विशेष रूप से कृष्ण-गोपी-विहार के चित्रों में—आँखों के वासनात्मक भाव का बहुत सुन्दर चित्रण था।

अन्त में हम उस कमरे में पहुँचे जहाँ रामायण-म्यूरेल बने थे। कमरे के एक कोने में दिया जल रहा था। उससे कमरे का धुआँरा वातावरण हल्के-हल्के काँपता

महसूस होता था। चित्रों के रंगों में वहाँ अधिक निखार और स्पष्टता थी। मैं कमरे का पूरा चक्कर काटकर एक दीवार के पास रुका, तो चौकीदार ने पीछे से कहा, ''इन चित्रों को इतना पास से मत देखिए। थोड़ा पीछे हटकर देखेंगे, तभी आपको इनकी वास्तविक सुन्दरता का पता चल सकेगा।''

हर बार बात कह चुकने पर उसकी आँखें दूसरी तरफ़ हट जाती थीं और निचला होठ क्षण-भर काँपता रहता था। ''लगता है तुम चौकीदार ही नहीं, चित्रकला के पारखी भी हो,'' मैंने हल्के से उसके कन्धे पर हाथ रखकर कहा। ''यहाँ के सब चित्रों को लगता है तुमने बहत ध्यान से देख रखा है।''

उसकी आँखें पल-भर मेरी आँखों से मिली रहीं। फिर पहले से ज़्यादा झुक गयीं। ''मैं भी एक चित्रकार हूँ,'' उसने मुश्किल से सुनाई देते स्वर में कहा।

मैंने थोड़ा चौंककर उसे देखा। ख़ाकी निक्कर और बाहर निकली ख़ाकी कमीज़ पहने छोटे क़द और दुबले शरीर का वह चौकीदार एक चित्रकार था।

''तुम्हारा नाम क्या है?'' मैंने पूछा। मेरी आँखें उसके फटे पैरों, बाँहों और टाँगों की रूखी चमड़ी और सूखे-मुरझाये होठों को देखती रहीं।

''भास्कर कुरुप,'' उसने कहा। ''मैं कोचिन स्कूल ऑव आर्ट में शिक्षा ले रहा हूँ।''

''तुम आर्ट स्कूल में शिक्षा ले रहे हो और साथ यह काम भी करते हो?''

इस पर उसने बताया कि पैलेस का चौकीदार वह नहीं, उसका पिता है। इन दिनों वह छुट्ठी पर गया है, इसलिए उसे अपनी जगह ड्यूटी पर छोड़ गया है। जब वह आर्ट स्कूल जाता है, तब उसकी जगह उसका भाई रामन ड्यूटी पर रहता है। यह वही लड़का था जिससे मैंने उस जगह के बारे में पूछा था।

बात करते हुए हम वापस ड्योढ़ी में आ गये। मैंने भास्कर से पूछा कि उसकी ड्यूटी का अभी कितना समय बाक़ी है। उसने बताया कि ड्यूटी का समय घंटा-भर पहले पूरा हो चुका है—इसीलिए मेरे आने तक दरवाज़ा बन्द हो चुका था। मैंने उससे कहा कि वह अगर ख़ाली है, तो हम कहीं चलकर साथ चाय पी सकते हैं।

भास्कर ने दरवाज़ा बन्द किया और मेरे साथ नीचे आ गया। वहाँ से हमने उसके छोटे भाई रामन को भी साथ ले लिया और पास ही एक चाय की दुकान में चले गये। वहाँ बात करते हुए मुझे भास्कर से पता चला कि उसकी उम्र कुल बाईस साल है, हालाँकि अपनी घनी मूँछों और चेहरे की गहरी लकीरों के कारण वह तीस-बत्तीस से कम का नहीं लगता था। वह पहले हाई स्कूल तक पढ़ा था। स्कूल से निकलने के बाद उसने दो-एक जगह नौकरी की, पर किसी भी नौकरी में उसका मन नहीं लगा। उसे बचपन से ही चित्र बनाने का शौक़ था। चाहता था किसी तरह

अपने इस शौक़ को आगे बढ़ा सके। पिता आर्ट स्कूल की फ़ीस नहीं जुटा सकते थे, फिर भी किसी तरह वे वहाँ दाख़िल कराने के लिए राजी हो गये थे। वह पूरी कोशिश करता था कि उसकी पढ़ाई का बोझ पिता पर न पड़े। इसलिए अवकाश के समय मज़दूरी भी कर लेता था। मगर वह उसका निश्चित संकल्प था कि जैसे भी हो, वहाँ का अपना कोर्स ज़रूर पूरा करेगा।

स्वाभाविक रूप से मेरी यह इच्छा हो रही थी कि उसकी बनायी हुई चीज़ें देखी जाएँ। मैंने उससे कहा कि इसके लिए वहाँ से उठकर मैं उसके घर चलूँगा।

इससे भास्कर थोड़ा कुंठित हो गया। अपने नाख़ूनों को देखता बोला, ''मैं अभी विद्यार्थी हूँ। सीख रहा हूँ। घर पर थोड़े से ख़ाके रखे हैं...पर उनमें ख़ास कुछ नहीं है।''

''ख़ास न सही,'' मैंने कहा। ''पर जो कुछ है, उसे दिखाने में तो तुम्हें एतराज़ नहीं?''

''नहीं, एतराज़ नहीं है मुझे,'' वह बोला। ''पर देखने को कुछ ख़ास नहीं है। आप अगर देखना ही चाहते हैं, तो मैं...रामन को भेजकर कुछ ख़ाके यही मँगवा लेता हूँ।''

उसके भाव से मुझे लगा कि ख़ाके दिखाने में शायद उसे उतना एतराज़ नहीं है, जितना मुझे साथ घर ले जाने में।

रामन जाकर जल्दी ही लौट आया। भास्कर ने उसके आते ही सब ख़ाके उसके हाथ से ले लिये और बहुत संकोच के साथ एक-एक करके मुझे दिखाने लगा। उसके विषय सीमित थे—फिर भी यह स्पष्ट था कि वह काफ़ी मेहनत और लगन से काम कर रहा है। एक बड़ा-सा फ़्रेम उसने शुरू से ही अलग रख दिया था। और सब ख़ाके देख चुकने के बाद मैंने उससे कहा, ''वह फ़्रेम नहीं दिखाया तुमने।''

''वह...विघ्नेश्वर का चित्र है,'' भास्कर अब और भी संकोच के साथ बोला। ''वह मेरा पहला बड़ा चित्र है। परन्तु धार्मिक है, इसलिए...।''

उसने वह फ़्रेम उठाकर मेरे सामने कर दिया। और चित्रों की तुलना में वह चित्र काफ़ी साधारण था। जब तक मैं उसे देखता रहा, भास्कर एकटक मेरी आँखों में कुछ पढ़ने का प्रयत्न करता रहा। मैंने फ़्रेम उसे लौटाया, तो उसकी आँखें अपने स्वभाव के अनुसार नीचे झुक गयीं।

''मैं धार्मिक चित्र नहीं बनाता,'' उसेन जैसे सफ़ाई देते हुए कहा, ''आज तक यही एक ऐसा चित्र मैंने बनाया है। यह मेरा पहला बड़ा चित्र था और मैंने सोचा कि...शुरुआत के लिए...यही ठीक होगा।''

कहते-कहते उसका चेहरा थोड़ा सुर्ख़ हे गया—अपनी आस्तिकता के अपराध-

भाव से। मैं उसके दूसरे ख़ाकों को फिर और एक बार देखने लगा।

चाय पी चुकने के बाद भी हम लोग कुछ देर बात करते रहे। मैंने रामन से उसके बारे में पूछा, तो वह बहुत उत्साह से अपनी पढ़ाई–लिखाई का ब्यौरा मुझे देने लगा। उस बीच भास्कर अपनी कॉपी से एक काग़ज़ फाड़कर उस पर पेंसिल से कुछ लिखता रहा।

हम लोग चाय की दुकान से बाहर निकले, तो साँझ गहरी हो चुकी थी। तभी पानी के उस तरफ़ अर्णाकुलम् के बूलेवार की बत्तियाँ जल उठीं। साथ ही दायीं तरफ़ भारतीय नौ–सेना के दो जहाज़ भी जगमगा उठे। उन्हें गणतन्त्र दिवस के उपलक्ष्य में बत्तियों से सजाया गया था। भास्कर के नंगे पैर में कोई चीज़ खुभ गयी थी। वह झुककर उसे निकालने लगा। जब वह सीधा हुआ, तो मैंने विदा लेने के लिए उसकी तरफ़ हाथ बढ़ा दिया। भास्कर के होठ कुछ कहने के लिए हिले, पर उसने चुपचाप मुझसे हाथ मिलाया और वापस चल दिया। बोट जेट्टी की तरफ़ बढ़ते हुए मेरी नज़र एक बार पीछे की तरफ़ गयी, तो देखा कि भास्कर कुछ क़दम जाकर रुक गया है। मुझे अपनी तरफ़ देखते पाकर वह मुस्कराया और अनिश्चित भाव से मेरी तरफ़ बढ़ आया। पास आकर उसने काग़ज़ का वह टुकड़ा मेरे हाथ में दे दिया जिस पर उसने पेंसिल से कुछ लिखा था। मैंने खोलकर देखा। काग़ज़ पर उसका पता दिया हुआ था : भास्कर कुरुप, मटनचरी पैलेस, कोचिन।

मैंने अपनी पॉकेट–बुक से काग़ज़ फाड़कर उसे अपना पता लिख दिया और फिर एक बार उससे हाथ मिलाकर बोट जेट्टी की तरफ़ बढ़ आया।

## यूँ ही भटकते हुए

एक भिखारिन, अपने बच्चे को छाती से सटाये, होठ उसके गाल पर रखे, अधमुँदी आँखों से फ़ुट–बोर्ड पर लटककर चलती गाड़ी से नीचे उतर गयी...।

गाड़ी आवली स्टेशन पर आकर रुक गयी।

आवली अर्णाकुलम् के पास ही है। किसी ने वहाँ की नदी के पानी की मुझसे बहुत प्रशंसा की थी। कहा था कि एक बार अवश्य मुझे वहाँ जाना चाहिए। मैं अपना सामान अर्णाकुलम् के होटल में छोड़कर वहाँ चला आया था।

प्लेटफ़ार्म पर उतरकर मैं रेल की पटरी के साथ–साथ चलने लगा। नदी तक जाने के लिए मुझे यही रास्ता बताया गया था। फिर भी दो–एक जगह रुककर मुझे

लोगों से पूछना पड़ा। जिस समय नदी के किनारे पहुँचा, एक मल्लाह पान जाने के लिए सवारियों को बुला रहा थ। बिना यह सोचे कि पार जाकर क्या होगा, मैं नाव में बैठ गया।

पार पहुँचकर मैं किनारे के साथ-साथ चलने लगा। नदी में पानी ज़्यादा नहीं था। किनारे के उथले पानी में कुछ जगह पशु नहा रहे थे। कुछ जगह पतली ईंटें नावों में भरी जा रही थीं। एक जगह घाट-सा बना था जहाँ कुछ लोग पानी में डुबकियाँ लगा रहे थे। सामने पुल था। पुल बहुत ऊँचा था, इसलिए उसके नीचे से गुज़रता नदी का पानी बहुत ख़ामोश और उदास नज़र आ रहा था।

मैं किनारे के साथ-साथ चलता हुआ पुल के ऊपर पहुँच गया। वहाँ से नीचे झाँकने पर वह पुल मुझे और भी ऊँचा लगा। बहाव के एक तरफ़ खुली ज़मीन पर धोबियों ने कपड़े सूखने के लिए फैला रखे थे। सबके सब कपड़े बिल्कुल सफ़ेद थे। उनकी बाँहें-टाँगें इस तरह फैली थीं कि लगता था वे कपड़े नहीं मनुष्य-शरीर के तरह-तरह के व्यंग्य-चित्र हैं जो स्कूल से लौटते बच्चों ने चाक के चूरे से बना दिये हैं। मैं मन-ही-मन उन बाँहों-टाँगों को नयी-नयी व्यवस्था देता कुछ देर वहाँ खड़ा अपना मनोरंजन करता रहा।

नदी का बहुत बड़ा कैनवस मेरे सामने था। उस हिलते-बदलते कैनवस में लोग नहा रहे थे, कपड़े धो रहे थे, नावों में ईंटें ले जा रहे थे। पुल की ऊँचाई से देखते हुए लगता था कि ज़िन्दगी का वह छोटा-सा टुकड़ा, नदी के पानी के साथ, उसी की ख़ामोशी और गति लिये, चुपचाप बहा जा रहा है। मेरा मन होने लगा कि कुछ देर के लिए मैं भी उस कैनवस पर उतर जाऊँ—घाट पर कपड़े रखकर नदी के कमर तक गहरे पानी में दो डुबकियाँ लगा लूँ। मैं पुल से नीचे चला गया और काफ़ी देर बच्चों की तरह घाट पर हाथ रखे उथले पानी में पैर चलाता रहा।

नहाकर निकला, तो मन हो रहा था किसी से बात करूँ। ठंडे पनी ने शरीर में स्फूर्ति ला दी थी। मैंने एक मल्लाह से बात करने की कोशिश की, मगर उसमें सफलता नहीं मिली। भाषा अलग-अलग होने से बात की शुरुआत ही नहीं हो पायी। अगर मुझे कोई ख़ास बात कहनी होती, तो इशारों से भी काम चल सकता था। मगर मेरी इच्छा उस पर मन का कोई भाव प्रकट करने की नहीं, मुँह से बोलकर कुछ कहने की थी। अपनी यात्रा में बहुत कम ऐसे अवसर आये थे जब मुझे अपना भाषा न जानना उस तरह अखरा हो। मगर उस समय इस बात से मन बहुत उदास हुआ कि मैं वहाँ अजनबी हूँ—इतने लोगों के बीच होकर भी अकेला हूँ। इस मजबूरी से कि मैं किसी से बात ही नहीं कर सकता, इतना भी नहीं कह सकता कि पानी बहुत ठंडा है, नहाकर मज़ा आ गया—मुझे दिनों के बाद घर से दूर होने की चुभन महसूस हुई।

धूप में जिस्म सुखाकर कपड़े पहनने तक मैं पुल के कैनवस को देखता रहा। एक ऊँचा मेहराब जो हर चीज़ को अपनी तरफ़ खींच रहा था—पानी को,नावों को, लोगों को। दो लड़के उस मेहराब के ऊपर से पानी की तरफ़ झाँक रहे थे। उनमें से एक ने पानी में ढेला फेंका। उससे कुछ छींटें उड़कर मेरे ऊपर पड़े। फिर दूसरे लड़के ने ढेला फेंका। इस बार भी उसी तरह छींटे पड़े। लड़के दो-एक मिनट यह खेलते रहे। फिर दौड़ते हुए पुल से सड़क पर चले गये। मेरे पास की कुछ ज़मीन भी छींटों से भींग गयी थी। उससे जो गन्ध उठ रही थी, वह इतनी परिचित थी कि मेरी अजनबीपन की अनुभूति कुछ हद तक दूर होने लगी। मैंने गीली मिट्टी को पैर के नाख़ून से थोड़ा कुरेद दिया, फिर ऊपर की तरफ़ एक अनजान कच्चे रास्ते पर चल दिया।

वह रास्ता घरों के बीच से जाती एक गली-सी थी। एक घर के बरामदे में कुछ बच्चे खेल रहे थे। वहीं पास ही एक स्त्री खरल में चावल पीस रही थी। एक युवक फ़र्श पर टाँगें फैलाये अख़बार पढ़ रहा था। यह उस घर की अपनी दोपहर थी। मुझे अपने उस घर की याद आयी जिसमें मेरे बचपन के कई साल गुज़रे थे। उस घर की अपनी ही सुबह, अपनी ही दोपहर और अपनी ही शाम होती थी। सुबह स्कूल जाने की हलचल, दोपहर को रंगीन रोशनदानों से आती धूप की उदासी और शाम को बाहर बैठक में पिताजी के दोस्तों का अभाव। वह सुबह, दोपहर और शाम हमारे घर की संस्कृति थी। अब जिन घरों के पास से गुज़र रहा था, उनमें से हर घर की भी अपनी एक अलग संस्कृति थी—रोज़मर्रा के छोटे-छोटे टुकड़ों से बनी संस्कृति जो उस घर के हर व्यक्ति के आज और कल को किसी-न-किसी रूप में निर्धारित कर रही थी—साथ उस पूरे समूह के आज और कल को जिसकी व्यापक संस्कृति का निर्माण इन छोटी-छोटी संस्कृतियों के योग से होता है।

आगे खेत थे। खेतों के साथ मिट्टी की ऊँची मेंड़ें बनी थीं। बरसात से उनकी रक्षा के लिए उन्हें नारियल के पत्तों की चटाइयों से ढँका गया था। सामने मैदान की खुली धूप में एक मज़दूर ईंटें तोड़ रहा था। पास ही तीन-चार ढाँचों जैसे बच्चे, जिनके सिर उनके शरीरों की तुलना में काफ़ी बड़े लगते थे, एक-दूसरे पर रोड़े फेंक रहे थे। उनसे कुछ हटकर एक स्त्री अपना सूखा स्तन बच्चे के मुँह में दिये बार-बार उसके गालों की रूखी चमड़ी को चूम रही थी। यह उस परिवार की अपनी दोपहर थी—एक और छोटी-सी संस्कृति!

रात को अर्णाकुलम् में वहाँ के आम्बलम् का वार्षिकोत्सव था। उस अवसर पर आम्बलम् को चारों ओर से दीयों से सजाया गया था। अन्दर देवालय के चारों ओर

की जालियाँ अपने एक-एक झरोखे में टिमटिमाते दीयों की रोशनी में मोम की बनी-सी लग रही थीं। देवालय के सामने का स्वर्ण-स्तम्भ, काँपती लौ के नगीनों से जड़ा, किरणों की डोरियों में गुँथा, अपने और उत्सव के महत्त्व का विज्ञापन कर रहा था। स्तम्भ के आसपास की भीड़ में कुछ देर धक्के खाने के बाद में आम्बलम् के पिछले भाग की ओर चला गया। उधर उस समय और ज़्यादा हलचल थी। तीन बड़े-बड़े हाथी सामने आ रहे थे। लोगों की बहुत बड़ी भीड़ उन्हें घेरे थी। हाथी सुनहरे आभूषणों से सजे थे और उनके हौदों के ऊपर भी सुनहरे छत्र लगे थे। बीच के हाथी की पीठ पर मन्दिर के देवता को लाया जा रहा था। वहाँ लोगों से पता चला कि देवता को कई दिन इसी तरह हाथी की पीठ पर मन्दिर के चारों ओर घुमाया जाता है। वह रात आराट् की थी—अर्थात् देवता को जलस्नान कराने की। आराट् के साथ वह उत्सव समाप्त हो जाता था।

हाथियों के आगे तीन आदमी चार-चार जोतों की मशालें लिये चल रहे थे। साथ में पंचवाद्यम् था। लोगों में पंचवाद्यम् सुनने का बहुत उत्साह था। बजानेवाले भी बहुत मगन हाकर बजा रहे थे—विशेष रूप से शहनाईवाले।

रास्ते में कई घरों के आगे सजी हुई वेदिकाएँ बनी थीं। हर वेदिका के पास हाथियों को रोककर अक्षत, चन्दन आदि से उनकी पूजा की जाती। फिर बीच के हाथी को कुछ नैवेद्य दिया जाता और यात्रा आगे बढ़ जाती। ज्यों-ज्यों हाथी मन्दिर के पास पहुँच रहे थे, उनके आसपास भीड़ बढ़ती जा रही थी। भीड़ में प्राय: सभी स्त्री-पुरुष नंगे पाँव थे। अधिकांश स्त्रियों ने बड़े ढंग से केशों में फूल सजा रखे थे। फूल सजाने की उनकी अलग-अलग शैलियाँ थीं। कुछ ने अपनी साड़ी के साथ फूलों की अल्पनाएँ बना रखी थीं। हाथी मन्दिर की सीमा के पास आ पहुँचे, तो लोगों का उत्साह दुगुना-तिगुना बढ़ गया। ज़ोर-शोर से पटाख़े चलाये जाने लगे और आतिशबाज़ी छोड़ी जाने लगी। आराट् का समय बहुत पास आ गया था।

आसपास सभी लोग किसी तरह मन्दिर के अन्दर पहुँचने के लिए संघर्ष कर रहे थे। भीड़ के उस दबाव में साँस लेना मुश्किल हो रहा था, इसलिए उलटा संघर्ष करके मैं किसी तरह भीड़ से बाहर निकल आया। सड़क पर अब इक्का-दुक्का लोग ही थे। जो मेरी तरह भीड़ से बाहर निकल आये थे और एक तरफ़ खड़े होकर मन्दिर से छूटती आतिशबाज़ी के रंग देख रहे थे। कुछ मज़दूर थे जो अब उन वेदिकाओं को तोड़ रहे थे जिनमें थोड़ी देर पहले पूजा हुई थी। मैं भीड़ के बाहर आकर अभी दस क़दम भी नहीं चला था कि न जाने किस अँधेरे कोने से निकलकर एक व्यक्ति मेरे सामने आ खड़ा हुआ। ''मिस्टर, तुम मुझे कुछ दे सकते हो?'' उसने अँग्रेज़ी में कहा।

मैं थोड़ा अचकचाकर अपनी जगह पर रुक गया। उस आदमी को मैंने सिर से पाँव तक देखा। उसके सिर के बाल सड़ी हुई घास की तरह थे। कई दिनों की बढ़ी

हुई खिचड़ी दाढ़ी एक खुरदुरे बुरुश-जैसी लग रही थी। फटी हुई कमीज़ की एक कन्नी नीचे लटक रही थी। बाँह पर फटा एक कम्बल था जिसे वह बच्चे की तरह छाती से चिपकाये था। नीचे उसने कुछ भी नहीं पहन रखा था।

"तुम्हें क्या चाहिए?" मैंने उससे पूछा।

"इकन्नी, दुअन्नी या जो भी तुम दे सको। मैं एक बार से ज़्यादा किसी से नहीं माँगता। उसे देना होता है, दे देता है। नहीं देना होता, नहीं देता।"

वह अच्छी अँग्रेज़ी बोल रहा था। मैंने सोचा कि कम-से-कम मैट्रिक तक तो वह पढ़ा ही होगा। "तुम भीख क्यों माँग रहे हो?" मैंने उससे कहा। "बातचीत से तो तुम ख़ासे पढ़े-लिखे जान पड़ते हो। अँग्रेज़ी इतनी अच्छी बोल लेते हो...।"

"मैं तीन भाषाएँ इतनी ही अच्छी बोल लेता हूँ," वह बोला। "अँग्रेज़ी, संस्कृत और तमिल।" फिर तमिल में कुछ कहकर उसने कालिदास का एक श्लोक पूरा दोहरा दिया—"रम्याणि वीक्ष्य मधुरांश्च निशम्य शब्दान्...।" श्लोक पूरा करते ही उतावले स्वर में बोला, "बताओ तुम मुझे कुछ दे सकते हो या नहीं?"

"देने में मुझे एतराज़ नहीं," मैंने कहा। "पर मैं जानना चाहता हूँ कि तुम पढ़े-लिखे होकर भी भीख क्यों माँग रहे हो?"

उसकी आँखों में एक चुभन आ गयी। "मैं बेकार हूँ और भूखा हूँ," वह वितृष्णा और कड़ुआहट के साथ बोला।

"फिर भी पढ़ा-लिखा आदमी कुछ-न-कुछ काम तो...।"

वह सहसा तिरस्कारपूर्ण स्वर में हँसा और आगे चल दिया। उस स्वर से मुझे लगा जैसे चलते-चलते उसने मेरे गाल पर थप्पड़ मार दिया हो।

आम्बलम् में बहुत-से पटाख़े एक साथ छूटने लगे। आकाश में आतिशबाज़ी के कई-कई रंग बिखर गये। इससे और पंचवाद्यम् के उत्तान स्वर से मुझे लगा कि आराट् का क्षण आ पहुँचा है।

मैंने एक बार अपने आसपास देख लिया। वह व्यक्ति अँधेरे में न जाने कहाँ गुम हो गया था।

## पानी के मोड़

अर्णाकुलम् के जिस होटल में मैं ठहरा था, उसका मैनेजर बहुत मिलनसार आदमी था। उसकी मिलनसारी की वजह से बिल जहाँ ज़रूरत से ज़्यादा बढ़ जाता था, वहाँ

महसूस यही होता था कि एक दोस्त के यहाँ मेहमान बनकर ठहरे हुए हैं—और दोस्त भी ऐसा कि कह-कहकर हर चीज़ खिलाता था और बिना चाहे हर तरह का परामर्श देने लगता था।

''आज जा रहे हैं आप?'' मैं चलने के दिन नाश्ते के बाद कॉफ़ी पी रहा था, तो वह मेरे पास आ बैठा। उसका पूछने का ढंग ऐसा था जैसे इसके बाद उसे यही कहना हो कि नहीं, मैं आज आपको नहीं जाने दूँगा।

''हाँ, आज शाम की बोट से अलेप्पी जाने की सोच रहा हूँ?'' मैंने कहा।

''पेरियार लेक नहीं जाएँगे?''

मैं नहीं जानता था कि पेरियार लेक कहाँ है और उसकी विशेषता क्या है। मैंने उसे बता दिया कि न तो मुझे उस झील की कुछ जानकारी है और न ही मेरा वहाँ जाने का कार्यक्रम है।

''अरे!'' वह बोला। ''आप पेरियार लेक के बारे में नहीं जानते? वह दक्षिण-पश्चिमी भारत की सबसे सुन्दर झील है। दूसरी विशेषता यह है कि पहाड़ी झील है। चारों तरफ़ घना जंगल है जो हिंस्र जीवों की बहुत बड़ी सेंक्चुअरी है। आप नाव में बैठे-बैठे शेरों और चीतों को किनारे से पानी पीते देख सकते हैं। शिकार के लिए भी बहुत अच्छी जगह है। पर उसके लिए पहले इजाज़त लेनी पड़ती है।''

मैंने काफ़ी की प्याली ख़ाली करके रख दी। मेरी कल्पना में पेरियार लेक का चित्र बन रहा था—मीलों में फैला गहरे हरे रंग का पानी...पानी में उठती लहरें...एक छोटी-सी नाव...चारों तरफ़ घनी हरियाली...ऊँची-ऊँची पहाड़ियाँ और एकान्त निःस्तब्धता।

''यहाँ से कितनी दूर है?'' मैंने पूछा।

''उसके लिए आपको यहाँ से अलेप्पी न जाकर पहले कोट्टायम् जाना होगा। कोट्टायम् से वह साठ-सत्तर मील है। बस या टैक्सी मिल जाती है। आप कहें, तो मैं यहीं से आपकी सारी व्यवस्था कर देता हूँ। सौ रुपये में जाना-आना और रहना सब हो जाएगा।''

सौ में से तीस-चालीस रुपये उसने बताया आने-जाने पर ख़र्च होंगे। तीस रुपये वहाँ नाव के देने होंगे। बाक़ी तीस-चालीस रहने-खाने और 'दूसरी सुविधाओं' पर लग जाएँगे। ''ऐसी जगह आदमी का अकेले मन नहीं लगता न!'' वह बोला। ''इसलिए वहाँ के साथ का ख़र्च भी मैंने गिन लिया है। होटल वहाँ कोई है नहीं, इसलिए रहने-खाने का सारा इन्तज़ाम मेरे एक अपने आदमी के यहाँ होगा। वही आपके लिए दूसरा इन्तज़ाम भी कर देगा...एकदम ए क्लास। आप तय नहीं कर पाएँगे कि पेरियार लेक ज़्यादा ख़ूबसूरत है या...।''

मैं मन में मुस्कराया कि बनिये की आँख कितनी दूर तक जाती है। अर्णाकुलम्

के होटल में बैठा वह आदमी पेरियार लेक के साथ-साथ वहाँ की किसी लड़की के सौन्दर्य का सौदा भी तय किये दे रहा था।

मैंने उसे नहीं बताया कि उस पूरी योजना पर ख़र्च करने के लिए सौ रुपया मेरे बजट में नहीं है। बहुत आभार के साथ उसे उसके सुझाव के लिए धन्यवाद देकर उठ खड़ा हुआ। कहा कि इस बार मेरे पास समय नहीं है—अगली बार आऊँगा, तो पेरियार लेक का कार्यक्रम अवश्य रखूँगा।

''ख़ैर जब भी जाएँ, जाइएगा मेरे प्रबन्ध से।'' वह भी साथ उठता बोला। ''मेरा कार्ड अपने पास रख लीजिए। पेरियार लेक पर मेरे-जैसी सुविधा आपको और कोई नहीं दे सकता।''

शाम को मैंने अलेप्पी जाने के लिए फ़ेरी ले ली। बैक-वाटर्ज़ की यात्रा का यह मेरा पहला अनुभव था। कोचिन से अलेप्पी तक बैक-वाटर्ज़ का खुला विस्तार है जो बेम्बनाद लेक के नाम से जाना जाता है। बेम्बनाद में फ़ेरी की वह यात्रा एक रोमांचक अनुभव था। कहीं खुले पानी में इतनी बत्तख़ें तैरती मिलतीं कि लगता हम बत्तख़ों के देश में प्रवेश कर रहे हैं। सहसा फ़ेरी का साइरन बजता और बत्तख़ें पानी की सतह छोड़ पंख फड़फड़ाती आकाश में उड़ जातीं। फ़ेरी के ऊपर उठते-गिरते पंखों की जाली-सी बुनी जाती। कुछ देर उड़ती रहने के बाद बत्तख़ें फिर पानी के किसी दूसरे हिस्से में उतर आतीं। तब दूर से देखकर लगता कि पानी पर रुई के फूलों का एक द्वीप तैर रहा है। पर कुछ ही देर में उधर से आती किसी फ़ेरी का साइरन बज उठता और रुई के फूलों का द्वीप फिर से फड़फ़ड़ाते पंखों में बदलकर आकाश में उड़ जाता।

अलेप्पी पहुँचने से पहले सुबह हो गयी। अब हम झील में नहीं, पानी की सड़कों पर चल रहे थे—पानी की हाइवे, सबवे, दोराहे, चौराहे। यातायात के लिए बैकवाटर्ज़ को काटकर बनायी गयी उन नहरों की सतह पर सुबह की पहली किरणों के स्पर्श से सितारे-से झिलमिला रहे थे। फ़ेरी जहाँ किनारे के साथ-साथ छाया में चलती, वहाँ पानी में लचकते नारियलों के साये ऐसे लगते जैसे बड़े-बड़े अजगर, छटपटाते केंकड़ों को मुँह में लिये, धार से लड़ते हुए किलोल कर रहे हों। किनारे से थोड़ा हट आने पर पूरा आकाश पानी में प्रतिबिम्बित दिखाई देता और लगता कि नाव दो आकाशों के बीच से जाती धार में चल रही है। परन्तु फिर से धूप में आ पहुँचने पर नीचे का आकाश अदृश्य हो जाता और धार इकहरे आकाश के नीचे ठासे ज़मीन पर लौट आती।

शाम को अलेप्पी के समुद्र-तट पर तीन बच्चों के साथ मिलकर रेत के आम्बलम् बनाता रहा। जिस समय समुद्र-तट पर पहुँचा, वे बच्चे—एक लड़की, दो लड़के—पहले से वहाँ रेत के घरौंदे बना रहे थे। मैं कुछ देर रुककर उनके हाथों का कौशल देखता रहा, फिर पैरों के भार उनके पास बैठ गया। लड़की ने न जाने कैसे—शायद अपनी स्त्री-बुद्धि से—पहचान लिया कि मैं मलयालम-भाषी नहीं हूँ। वह अटक-अटककर वाक्य बनाती बोली, ''आप...क्या...हिन्दी-भाषी हैं?''

''हाँ,'' मैंने कहा। ''तुम्हें हिन्दी आती है?''

''मैं...हम...हिन्दी में...,'' और रुककर उसने बस्ते से अपनी हिन्दी की किताब निकाल ली। उसमें देखकर बोली, ''मैं...दूसरे फ़ार्म में...हिन्दी पढ़ती हूँ।''

हिन्दी में हम लोगों की बातचीत ज़्यादा नहीं चल सकी। उन लोगों को हिन्दी के थोड़े-से ही वाक्य बनाने आते थे। मगर इसके बावजूद जल्दी ही हममें घनिष्ठता हो गयी और वे मुझे रेत का आम्बलम् बनाना सिखाने लगे। जिस तरह उन्होंने चारों तरफ़ से रेत में सूराख़ करना शुरू किया, उससे मुझे लगा कि वे एक भट्ठी बनाने जा रहे हैं। मगर धीरे-धीरे वे सूराख़ आम्बलम् के अन्दर जाने के रास्ते बन गये, रास्तों के आगे गोपुरम् खड़े हो गये और बीच में देवस्थान की स्थापना हो गयी। एक लड़के ने अपनी जेब में लाल फूल भर रखे थे। वे उसने आम्बलम् में इधर-उधर बिखरा दिये। इससे शिल्प के अतिरिक्त आम्बलम् का वातावरण भी प्रस्तुत हो गया।

आम्बलम् बना चुकने पर उन्होंने मुझसे कहा कि अब मैं भी वैसा ही आम्बलम् बनाऊँ। मैंने बड़ी तत्परता से अपना निर्माण-कार्य शुरू किया। मगर जब मेरा आम्बलम् बनकर तैयार हुआ, तो वह आम्बलम् न लगकर भूतों का डेरा लग रहा था। बच्चे मेरे आम्बलम् पर काफ़ी देर हँसते रहे।

फिर हम सफ़ेद कबूतरों को पकड़ने के लिए उनका पीछा करने लगे। कबूतर कुछ ऐसे अविश्वासी थे कि हम अभी उनसे बीस क़दम दूर होते और वह सारे का सारा झुंड उड़कर पचास क़दम और आगे चला जाता। हम बहुत सावधानी से आगे बढ़ते हुए फिर उनसे पन्द्रह-बीस क़दम पर पहुँचते, तो वे फिर उड़कर बीच का फ़ासला उतना ही कर देते। हम शायद मील-भर उनके पीछे दौड़ते रहे। पर कबूतरों ने एक बार भी हमें अपने इतना पास नहीं पहुँचने दिया कि हम कपड़ा डालकर उनमें से किसी एक को पकड़ने की कोशिश कर सकते।

बच्चे चले गये, तो कुछ देर में थककर अकेला रेत पर लेटा रहा। कन्याकुमारी की ओर जाती समुद्र की तट-रेखा दूर तक दिखाई दे रही थी। समुद्र में पानी धीरे-धीरे बढ़ रहा था। एक लहर मुझसे एक गज़ दूर तक की रेत को भिगो गयी। फिर एक और लहर मुझसे पाँच-छह इंच दूर तक आकर लौट गयी। उसके बाद अगली

लहर उससे भी दो फ़ुट आगे तक चली आयी। मगर मैं तब तक वहाँ से उठकर वापस चल दिया था।

अलेप्पी से मैं कोइलून आ गया। कोइलून में थंकासरी समुद्र-तट के पास लाइट-हाउस है। मन हुआ कि देखा जाए उस मीनार पर चढ़कर समुद्र कैसा नज़र आता है। बड़ी मुश्किल से ऊपर जाने की इजाज़त मिली। ऊपर गुम्बज़ में पहुँचकर नीचे देखा, तो समुद्र समुद्र-जैसा न लगकर ऐसे लग रहा था जैसे रेशम की मुचड़ी हुई पतली सुरमई चादर यहाँ से वहाँ तक फैली हो। समुद्र में चलती नावें भी उस ऊँचाई से बहुत छोटी लग रही थीं—अपनी छायाओं और पीछे बनती सफ़ेद लकीरों-समेत उस कपड़े पर काढ़ी गयी आकृतियों-जैसी। दूसरी तरफ़ घने नारियलों के शिखर क्षितिज तक फैले थे। धूप और हवा मिलकर उनमें चमचमाती लहरें पैदा कर रही थीं। पानी और नारियल के झुंडों का वह एक-सा लहराव तट-रेखा के पास जाकर मिल गया था। तट-रेखा साँप की तरह बलखाती उत्तरोत्तर दक्षिण-पूर्व की ओर सिमटती गयी थी। वहाँ से उस रेखा को देखकर लगता था कि उसका छोर अब दूर नहीं है—थोड़ा और ऊँचे उठ सकें, तो वह बिन्दु भी नज़र आ सकता है जहाँ जाकर वह समुद्र में खो जाती है।

## कोवलम्

कोवलम् बीच त्रिवेन्द्रम् से सात मील दूर है। उसे यह नाम शायद इसलिए दिया गया है कि उसका आकार मलयालम् के अक्षर 'को' से मिलता-जुलता है।

मेरा इरादा रात वहाँ के रेस्ट-हाउस में काटने का था। यह सोचकर कि बिस्तर वहीं मिल जाएगा, मैं अपना सामान त्रिवेन्द्रम् के होटल में ही छोड़ आया था।

जिस बस्ती में बस ने छोड़ा, वहाँ से बीच एक मील पर था। शाम हो चुकी थी। मैंने स्टाप पर उतरकर अपने आसपास देखा। कुछ दूर तीन-चार बुड्ढे पत्थरों पर बैठे अपनी ज्ञान-गोष्ठी में लीन थे। एक लड़का साथ-साथ बँधी पन्द्रह-बीस बकरियों को हाँक रहा था। सड़क के मोड़ के पास एक स्त्री चूल्हा जला रही थी। बायीं तरफ चाय की दुकान में अँगीठी पर पानी उबल रहा था। मैं पहले एक प्याली चाय पी लेने के लिए उस दुकान के अन्दर चला गया।

वहाँ कितने ही लोग चाय पी रहे थे। एक बाहर के व्यक्ति को आया देखकर उनकी बातचीत रुक गयी। मैं कुछ बेढब-सा महसूस करता एक तरफ़ जा बैठा। जब तक मेरी चाय आयी, तब तक एक अधेड़ व्यक्ति उठकर मेरे पास आ गया। उसने आते ही पूछना शुरू किया कि मैं कहाँ से आया हूँ और उस जगह मेरे आने का कारण क्या है। यह जानकर कि मैं दिल्ली की तरफ़ से आया हूँ, वह पास की कुर्सी पर बैठ गया और दिल्ली के बारे में तरह-तरह की बातें पूछने लगा।

कुछ देर बाद जब मैं चाय पीकर उस दुकान से निकला, तो वह भी मेरे साथ था। उसकी बातें अभी समाप्त नहीं हुई थीं, इसलिए कोबलम् की सड़क पर भी वह मेरे साथ-साथ चलने लगा। सुनसान सड़क थी। दूर तक कोई आता-जाता दिखाई नहीं दे रहा था। अँधेरा भी उतर आया था। मुझे उसका साथ चलना अच्छा ही लगा, क्योंकि अकेले में हो सकता था किसी ग़लत रास्ते पर भटक जाता। वह मुझसे सब कुछ पूछ चुकने के बाद अब अपने बारे में बता रहा था। वह वहाँ से कुछ मील दूर एक गाँव में रहता था। ''हमारे गाँव का ज़मींदार बहुत ज़ालिम आदमी है,'' वह कह रहा था। ''मगर ऊपर तक उसकी इतनी पहुँच है, कि कभी उस पर कोई जाँच नहीं आती। सारा इलाक़ा उससे थर-थर काँपता है। किसानों पर झूठे मुक़दमे बनाना, उन्हें पिटवाना या जान से मरवा देना और उनकी बहू-बेटियों की इज़्ज़त उतारना, ये सब उसके रोज़ के कारनामे हैं। क्या किसी तरह उस आदमी की रिपोर्ट पंडित नेहरू तक नहीं पहुँचायी जा सकती?''

रास्ता सँकरा था और जगह-जगह उसमें फिसलन भी थी। एकाध जगह मेरा पाँव फिसलने को हुआ, तो बाँह से पकड़कर उसने मुझे सँभाल लिया। ज़मींदार पर अपने मन का गुबार निकाल चुकने के बाद वह मुझे वहाँ के जीवन के बारे में और-और बातें बताने लगा। आख़िर हम उस दोराहे पर पहुँच गये जहाँ से एक रास्ता रेस्ट-हाउस की तरफ़ जाता था और दूसरा बीच की तरफ़। मैंने सोचा कि पहले कुछ देर बीच पर बैठते हैं—रेस्ट-हाउस में जाकर तो सोना ही है, वहाँ किसी भी समय जाया जा सकता है।

बीच पर आकर हम लोग काफ़ी देर रेत पर टाँगें फैलाये बैठे रहे। वह उसी तरह बात करता रहा—अपने बारे में, गाँव के बारे में, वहाँ के लोगों के बारे में—बच्चों की-सी सादगी के साथ। सामने समुद्र का पानी अजब बेबसी के साथ अँधेरे में छटपटा रहा था। लहरों का झाग एक धमाके के साथ रेत से टकराता, फिर हारा-सा लौट जाता। कुछ देर दूर कुनमुनाने के बाद फिर उसी तरह ज़ोर से आकर टकराता और फिर लौट जाता।

''हम लोग यहाँ आधे भूखे रहकर ज़िन्दगी काटते हैं,'' वह कह रहा था। ''महँगाई दिन-ब-दिन इस तरह बढ़ती जा रही है कि हम लोग चावल तो क्या,

मर्चिनी—टेपियोका—भी भर-पेट नहीं खा पाते। वह दिन बहुत ख़ुशक़िस्मती का होता है जिस दिन खाने को चावल मिल जाए। कई बार हम लोग सिर्फ़ भुनी हुई मछली खाकर रह जाते हैं क्योंकि तेल के लिए पैसे नहीं होते। एक यह समुद्र ही है जिसने अब तक हमारे मछली के कोटे में कमी नहीं की—पता नहीं किस दिन सरकार इस पर भी प्रतिबन्ध लगा दे और हमें मछली मिलना भी मुश्किल हो जाए।''

मेरा आधा ध्यान उसकी बातों में था, आधा समुद्र की तरफ़। लहरें उछल-उछलकर रेत पर सिर पटक रही थीं—एक आवेश और पागलपन के साथ। जैसे रेत ने कोई चीज़ अपने में ढक रखी थी जिसे उन्हें रेत की सतह तोड़कर हासिल कर लेना था।

''ग़रीबी और बेकारी इतनी है कि कई घरों की लड़कियों को मजबूर होकर पेशा करना पड़ता है,''—मेरा साथी कह रहा था। ''दो वक़्त खाने के लिए मर्चिनी तो किसी तरह मिलनी ही चाहिए। सरकारी तौर पर वेश्यावृत्ति पर प्रतिबन्ध है, पर सरकारी हलक़े में ही उन लड़कियों की माँग सबसे ज़्यादा है। वे रात को त्रिवेन्द्रम् के होटलों में ले जायी जाती हैं, या अपने घास और टाट के घरों में ही छिपे-छिपे यह व्यापार करती हैं। हम लोग आँखों से देखते हुए भी नहीं कह सकते। कहें, तो उन्हें खाना-दाना कहाँ से लाकर दें?''

अँधेरे के साथ-साथ समुद्र का पागलपन बढ़ता जा रहा था। अब लहरें आस-पास की पूरी रेत को घेर लेने की कोशिश में थीं। जब हमें लगा कि हमारे बैठने की जगह भी अब सुरक्षित नहीं है, तो हम उठकर रेस्ट-हाउस की तरफ़ चल दिये। पर वहाँ पहुँचने पर पता चला कि रेस्ट-हाउस में कोई भी कमरा या बिस्तर ख़ाली नहीं है। नौ बज रहे थे। लौटकर त्रिवेन्द्रम् जाने के लिए भी कोई बस नहीं मिल सकती थी। मुझे समझ नहीं आ रहा था कि अब क्या करना चाहिए—बिना बिस्तर के सिवाय रेस्ट-हाउस के और कहाँ रात काटी जा सकती थी? मैंने चौकीदार की थोड़ी मिन्नत की, उसे लालच दिया, उससे बहस भी की—पर काम नहीं बना। आख़िर उस पर झल्लाकर मैं रेस्ट-हाउस से बाहर चला आया।

मेरा साथी भी मेरी वजह से परेशान था। पर उसके होठों पर हल्की मुस्कराहट भी थी। शायद इसलिए कि थोड़ी देर पहले तक मैं जितना गम्भीर और ख़ामोश था, रेस्ट-हाउस में जगह न मिलने से उतना ही बिखर गया था। बीतनेवाली रात का पूरा संकट माथे पर लिये मैं कुछ देर उसके साथ दोराहे पर खड़ा रहा—जैसे कि बस्ती, रेस्ट-हाउस और बीच के अलावा वहाँ से किसी चौथी तरफ़ भी जाया जा सकता हो। मेरा साथी भी मन-ही-मन स्थिति का जायज़ा लेता रहा। फिर बोला, घबराइए नहीं, अभी कुछ-न-कुछ इन्तज़ाम हो जाएगा। मैं गाँव में पता करता हूँ—शायद वे

लोग स्कूल का कोई कमरा रात-भर के लिए खोल दें।''

वह जिधर को चला, मैं चुपचाप उसके पीछे-पीछे चलता गया। गाँव वहाँ पास ही था। एक स्कूल की इमारत को छोड़कर बाक़ी सब कच्ची झोपड़ियाँ थीं। वहाँ पहुँचकर उसने कुछ लोगों से बात की, तो उन्होंने स्कूल का कमरा खोल देने में आपत्ति नहीं की। कमरा खुलने पर हमने वहाँ तीन बेंचें साथ-साथ जोड़ लीं। गाँव के घरों से एक चादर और तकिया भी ला दिया गया। इस तरह रात काटने की व्यवस्था हो गयी। मुझे भूख लगी थी। रेस्ट-हाउस के चौकीदार से लड़ आया था, इसलिए खाना खाने वहाँ नहीं जाना चाहता था। मैंने कुछ संकोच के साथ अपने साथी से इसका ज़िक्र किया। उसने फिर जाकर गाँव के लोगों से बात की। पर पता चला कि खाने को उस समय वहाँ कुछ नहीं मिलेगा—सिर्फ़ किसी लड़के को भेजकर बस्ती से दूध मँगवाया जा सकता है।

एक लड़के को बस्ती भेजकर हम लोग काफ़ी देर स्कूल के बरामदे में बैठे बात करते रहे। जिस आदमी से स्कूल की चाबी ली गयी थी, वह भी अपने दामाद के साथ वहीं आ गया। दो-एक और लोग भी आ गये। उनमें अँग्रेज़ी बोलने-समझनेवाला कोई नहीं था, इसलिए मेरा साथी एक तरह से इंटरप्रेटर का काम करता रहा। बातचीत का विषय वही था—भूख, बीमारी और बेरोज़गारी। दिल्ली की तरफ़ से आये व्यक्ति को वे अपने पूरे हालात बता देना चाहते थे। एक बुड्ढा बार-बार कह रहा था—गम्भीर भाव से—कि क्या दिल्ली की सरकार ऐसा कोई क़ानून नहीं बना सकती जिससे हर आदमी को दोनों वक़्त का खाना मिलना अनिवार्य हो जाए? ''बैल चारा खाता है, तभी हल जोतता है,'' उसने कहा। ''उसे चारा न मिले, तो वह काम नहीं कर सकता। हम लोग सरकार के बैल हैं। क्या सरकार का यह फ़र्ज़ नहीं कि हमें पूरा चारा दे?''

जो लड़का बस्ती गया था, वह दूध लेकर लौट आया। उसके पीछे-पीछे दो व्यक्ति भी आये—एक लकड़ी टेकता बुड्ढा और एक युवा स्त्री। स्त्री ज़रा पीछे रुकी रही, बुड्ढा हम लोगों के पास आ गया। उसकी सफ़ेद दाढ़ी काफ़ी ऊँची-नीची कटी हुई थी। पास आकर वह कुछ पल मुझे ध्यान से देखता रहा, फिर अपनी भाषा में कुछ कहने लगा। मेरे साथी ने मेरे लिए अनुवाद कर दिया। बुड्ढे का लड़का कुछ दिन पहले घर छोड़कर चला गया था। किसी ने उसे बताया था कि वह भागकर दिल्ली गया है। आज यह जानकर कि मैं दिल्ली की तरफ़ से आया हूँ, वह अपनी बहू को साथ लेकर मील-भर से यह पता करने आया था कि दिल्ली में रहते कभी मेरी नज़र भूमिनाथन् नाम के किसी लड़के पर तो नहीं पड़ी—लड़के की उम्र लगभग मेरे जितनी है, रंग साँवला है और बात करते हुए वह थोड़ा हकलाता है।

मैंने उसे बताया कि एक तो मैं दिल्ली का रहनेवाला नहीं हूँ, दूसरे दिल्ली-

जैसे शहर में किसी को इस तरह पहचान पाना सम्भव नहीं है। बुड्ढा निराश होकर पल-भर कुछ सोचता खड़ा रहा। फिर वापस चल दिया। अपनी बहू के पास पहुँचकर रुक गया। युवा स्त्री कुछ देर धीमे स्वर में उसे कुछ समझाती रही। उसकी बात सुनकर वह फिर हम लोगों के पास चला आया। आकर मुझे लड़के के क़द-काठ और चेहरे-मोहरे के बारे में विस्तार से बताने लगा। पर मैं इस पर भी उसे कोई आश्वासन नहीं दे सका, तो वह अविश्वास की एक नज़र मुझ पर डालकर फिर वापस चला गया। इस बार उसकी बहू ने भी उससे और बात नहीं की—सिर झुकाये चुपचाप उसके पीछे-पीछे चली गयी।

उनके चले जाने के बाद मुझे बताया गया कि भूमिनाथन् को घर छोड़कर गये साल से ऊपर हो चुका है। उन लोगों के पास पहले अपनी ज़मीन थी जो लगान न दे सकने के कारण उनके हाथों से चली गयी थी। घर में बूढ़े बाप और पत्नी के अलावा भूमिनाथन् के दो बच्चे भी थे। मज़दूरी करके वह पाँच आदमियों का पेट नहीं भर पाता था। एक दिन ग़ुस्से में आकर उसने बाप को पीट दिया। फिर इस बात का मन को इतना रंज लगा कि उसी रात घर छोड़कर चला गया। कुछ लोगों का ख़याल था कि उसने वहाँ से जाकर आत्महत्या कर ली थी। बुड्ढा रात-दिन उसकी याद में रोता रहता था, इसलिए लोगों ने उससे कह दिया था कि भूमिनाथन् मरा नहीं है, दिल्ली में है—एक आदमी ने अपनी आँखों से उसे वहाँ देखा है।

"अब इसकी बहू मज़दूरी करके घर का ख़र्च चलाती है। तब इसी बात पर बाप-बेटे में लड़ाई हुई थी। लड़का चाहता था कि उसकी बीवी भी साथ मज़दूरी करे, पर बाप इसके लिए राजी नहीं था। उसका हठ था कि उनके घर की कोई लड़की-औरत मज़दूरी करने नहीं जा सकती। अब भी वही घर है, वही वह ख़ुद है जो बहू की कमाई खाकर चुपचाप पड़ा रहता है। आदमी का पेट है—कब तक भूखा रह सकता है?"

थोड़ी देर में बुड्ढा फिर वापस आता दिखाई दिया। उसकी बहू अब उसके साथ नहीं थी। इस बार आकर वह बोला कि मैं लौटकर दिल्ली जाऊँ तो ख़याल ज़रूर रखूँ। हो सकता है कभी उस पर मेरी नज़र पड़ जाए। उस हालत में मैं उसे चिट्ठी डाल दूँ। और वह नये सिरे से मुझे लड़के नयन-नक्श और रंग-रूप आदि के विषय में बताने लगा।

मैंने इस बार कह दिया कि मैं दिल्ली जाऊँगा, तो ज़रूर ख़याल रखूँगा। बुड्ढे की आँखें भर आयीं। वह चलने के लिए तैयार होकर आँखें पोंछता हुआ बोला कि सुबह मैं वहाँ से जल्दी न चला जाऊँ, उसका इन्तज़ार कर लूँ—वह आकर मुझे अपना पता लिखा एक पोस्ट-कार्ड दे जाएगा।

# आख़िरी चट्टान

कन्याकुमारी। सुनहले सूर्योदय और सूर्यास्त की भूमि।

केप होटल के आगे बने बाथ टैंक के बायीं तरफ, समुद्र के अन्दर से उभरी स्याह चट्टानों में से एक पर खड़ा होकर मैं देर तक भारत के स्थल-भाग की आख़िरी चट्टान को देखता रहा। पृष्ठभूमि में कन्याकुमारी के मन्दिर की लाल और सफ़ेद लकीरें चमक रही थीं। अरब सागर, हिन्द महासागर और बंगाल की खाड़ी—इन तीनों के संगम-स्थल-सी वह चट्टान, जिस पर कभी स्वामी विवेकानन्द ने समाधि लगायी थी, हर तरफ़ से पानी की मार सहती हुई स्वयं भी समाधि-स्थित-सी लग रही थी। हिन्द महासागर की ऊँची-ऊँची लहरें मेरे आसपास की स्याह चट्टानों से टकरा रही थीं। अरब सागर, हिन्द महासागर और बंगाल की खाड़ी—इन तीनों के संगम-स्थल-सी वह चट्टान, जिस पर कभी स्वामी विवेकानन्द ने समाधि लगायी थी, हर तरफ़ से पानी की मार सहती हुई स्वयं भी समाधि-स्थित-सी लग रही थी। हिन्द महासागर की ऊँची-ऊँची लहरें मेरे आसपास की स्याह चट्टानों से टकरा रही थीं। बलखाती लहरें रास्ते की नुकीली चट्टानों से कटती हुई आती थीं जिससे उनके ऊपर चूरा बूँदों की जालियाँ बन जाती थीं। मैं देख रहा था और अपनी पूरी चेतना से महसूस कर रहा था—शक्ति का विस्तार, विस्तार की शक्ति। तीनों तरफ़ से क्षितिज तक पानी-ही-पानी था, फिर भी सामने का क्षितिज, हिन्द महासागर का, अपेक्षया अधिक दूर और अधिक गहरा जान पड़ता था। लगता था कि उस ओर दूसरा छोर है ही नहीं। तीनों ओर के क्षितिज को आँखों में समेटता मैं कुछ देर भूला रहा कि मैं मैं हूँ, एक जीवित व्यक्ति, दूर से आया यात्री, एक दर्शक। उस दृश्य के बीच में जैसे दृश्य का एक हिस्सा बनकर खड़ा रहा—बड़ी-बड़ी चट्टानों के बीच एक छोटी-सी चट्टान। जब अपना होश हुआ, तो देखा कि मेरी चट्टान भी तब तक बढ़ते पानी में काफ़ी घिर गयी है। मेरा पूरा शरीर सिहर गया। मैंने एक नज़र फिर सामने के उमड़ते विस्तार पर डाली और पास की एक सुरक्षित चट्टान पर कूदकर दूसरी चट्टानों पर से होता हुआ किनारे पर पहुँच गया।

पश्चिमी क्षितिज में सूर्य धीरे-धीरे नीचे जा रहा था। मैं सूर्यास्त की दिशा में चलने लगा। दूर पश्चिमी तट-रेखा के एक मोड़ के पीली रेत का एक ऊँचा टीला नज़र आ रहा था। सोचा उस टोले पर जाकर सूर्यास्त देखूँगा।

यात्रियों की कितनी ही टोलियाँ उस दिशा में जा रही थीं। मेरे आगे कुछ मिशनरी युवतियाँ मोक्ष की समस्या पर विचार करती चल रही थीं। मैं उनके पीछे-

पीछे चलने लगा—चुपके से मोक्ष का कुछ रहस्य पा लेने के लिए। यूँ उनकी बातों से कहीं रहस्यमय आकर्षण उनके युवा शरीरों में था और पीली रेत की पृष्ठभूमि में उनके लबादों के हिलते हुए स्याह-सफ़ेद रंग बहुत आकर्षक लग रहे थे। मोक्ष का रहस्य अभी बीच में ही था कि हम लोग टीले पर पहुँच गये। यह वह 'सैंड हिल' थी जिसकी चर्चा मैं वहाँ पहुँचने के बाद से ही सुन रहा था। सैंड हिल पर बहुत-से लोग थे। आठ-दस नवयुवतियाँ, छह-सात नवयुवक और दो-तीन गाँधी टोपियोंवाले व्यक्ति। वे शायद सूर्यास्त देख रहे थे। गवर्नमेंट गेस्ट हाउस के बैरे उन्हें सूर्यास्त के समय की कॉफ़ी पिला रहे थे। उन लोगों के वहाँ होने से सैंड हिल बहुत रंगीन हो उठी थी। कन्याकुमारी का सूर्यास्त देखने के लिए उन्होंने विशेष रुचि के साथ सुन्दर रंगों का रेशम पहना था। हवा समुद्र की तरह उस रेशम में भी लहरें पैदा कर रही थी। मिशनरी युवतियाँ वहाँ आकर थकी-सी एक तरफ़ बैठ गयीं—उस पूरे कैनवस में एक तरफ़ छिटके हुए कुछ बिन्दुओं की तरह। उनसे कुछ दूर का एक रंगहीन बिन्दु, मैं, ज़्यादा देर अपनी जगह स्थिर नहीं रह सका। सैंड हिल से सामने का पूरा विस्तार तो दिखई दे रहा था, पर अरब सागर की तरफ़ एक और ऊँचा टीला था जो उधर के विस्तार को ओट में लिये था। सूर्यास्त पूरे विस्तार की पृष्ठभूमि में देखा जा सके, इसके लिए मैं कुछ देर सैंड हिल पर रुका रहकर आगे उस टीले की तरफ़ चल दिया। पर रेत पर अपने अकेले क़दमों को घसीटता वहाँ पहुँचा, तो देखा कि उससे आगे उससे भी ऊँचा एक और टीला है। जल्दी-जल्दी चलते हुए मैंने एक के बाद एक कई टीले पार किये। टाँगें थक रही थीं, पर मन थकने को तैयार नहीं था। हर अगले टीले पर पहुँचने पर लगता कि शायद अब एक ही टीला और है, उस पर पहुँचकर पश्चिमी क्षितिज का खुला विस्तार अवश्य नज़र आ जाएगा। और सचमुच एक टीले पर पहुँचकर वह खुला विस्तार सामने फैला दिखाई दे गया—वहाँ से दूर तक रेत की लम्बी ढलान थी, जैसे वह टीले से समुद्र में उतरने का रास्ता हो। सूर्य तब पानी से थोड़ा ही ऊपर था। अपने प्रयत्न की सार्थकता से सन्तुष्ट होकर मैं टीले पर बैठ गया—ऐसे जैसे वह टीला संसार की सबसे ऊँची चोटी हो, और मैंने, सिर्फ़ मैंने, उस चोटी को पहली बार सर किया हो।

पीछे दायीं तरफ़ दूर-दूर हटकर उगे नारियलों के झुरमुट नज़र आ रहे थे। गूँजती हुई तेज़ हवा से उनकी टहनियाँ ऊपर को उठ रही थीं। आकाश की तरफ़ उठकर हिलती हुई वे टहनियाँ ऐसे लग रही थीं जैसे उन्मुक्त रति के क्षणों में किन्हीं नग्न वन-युवतियों की बाँहें। पश्चिमी तट के साथ-साथ सूखी पहाड़ियों की एक श्रृंखला दूर तक चली गयी थी जो सामने फैली रेत के कारण बहुत रूखी, बीहड़ और वीरान लग रही थी। सूर्य पानी की सतह के पास पहुँच गया था। सुनहली

किरणों ने पीली रेत को एक नया-सा रंग दे दिया था। उस रंग में रेत इस तरह चमक रही थी जैसे अभी-अभी उसका निर्माण करके उसे वहाँ उँडेला गया हो। मैंने उस रेत पर दूर तक बने अपने पैरों के निशानों को देखा। लगा जैसे रेत का कुँवारापन पहली बार उन निशानों से टूटा हो। इससे मन में एक सिहरन भी हुई, हल्की उदासी भी घिर आयी।

सूर्य का गोला पानी की सतह से छू गया। पानी पर दूर तक सोना-ही-सोना ढुल आया। पर वह रंग इतनी जल्दी-जल्दी बदल रहा था कि किसी भी एक क्षण के लिए उसे एक नाम दे सकना असम्भव था। सूर्य का गोला जैसे एक बेबसी में पानी के लावे में डूबता जा रहा था। धीरे-धीरे वह पूरा डूब गया और कुछ क्षण पहले जहाँ सोना बह रहा था, वहाँ अब लहू बहता नज़र आने लगा। कुछ और क्षण बीतने पर वह लहू भी धीरे-धीरे बैज़नी और बैज़नी से काला पड़ गया। मैंने फिर एक बार मुड़कर दायीं तरफ़ पीछे देख लिया। नारियलों की टहनियाँ उसी तरह हवा में ऊपर उठी थीं, हवा उसी तरह गूँज रही थी, पर पूरे दृश्यपट पर स्याही फैल गयी थी। एक-दूसरे से दूर खड़े झुरमुट, स्याह पड़कर, जैसे लगातार सिर धुन रहे थे और हाथ-पैर पटक रहे थे। मैं अपनी जगह से उठ खड़ा हुआ और अपनी मुट्ठियाँ भींचता-खोलता कभी उस तरफ़ और कभी समुद्र की तरफ़ देखता रहा।

अचानक ख़याल आया कि मुझे वहाँ से लौटकर भी जाना है। इस ख़याल से ही शरीर में कँपकँपी भर गयी। दूर सैंड हिल की तरफ़ देखा। वहाँ स्याही में डूबे कुछ धुँधले रंग हिलते नज़र आ रहे थे। मैंने रंगों को पहचानने की कोशिश की, पर उतनी दूर से आकृतियों को अलग-अलग कर सकना सम्भव नहीं था। मेरे और उन रंगों के बीच स्याह पड़ती रेत के कितने ही टीले थे। मन में डर समाने लगा कि क्या अँधेरा होने से पहले मैं उन सब टीलों को पार करके जा सकूँगा? कुछ क़दम उस तरफ़ बढ़ा भी। पर लगा कि नहीं। उस रास्ते से जाऊँगा, तो शायद रेत में ही भटकता रह जाऊँगा। इसलिए सोचा बेहतर है नीचे समुद्र-तट पर उतर जाऊँ—तट का रास्ता निश्चित रूप से केप होटल के सामने तक ले जाएगा। निर्णय तुरन्त करना था, इसलिए बिना और सोचे मैं रेत पर बैठकर नीचे तट की तरफ़ फिसल गया। पर तट पर पहुँचकर फिर कुछ क्षण बढ़ते अँधेरे की बात भूला रहा। कारण था तट की रेत। यूँ पहले भी समुद्र-तट पर कई-कई रंगों की रेत देखी थी—सुरमई, ख़ाकी, पीली और लाल। मगर जैसे रंग उस रेत में थे, वैसे मैंने पहले कभी कहीं की रेत में नहीं देखे थे। कितने ही अनाम रंग थे वे, एक-एक इंच पर एक-दूसरे से अलग...और एक-एक रंग कई-कई रंगों की झलक लिये हुए। काली घटा और घनी लाल आँधी को मिलाकर रेत के आकार में ढाल देने से रंगों के जितनी तरह के अलग-अलग सम्मिश्रण पाये जा सकते थे, वे सब वहाँ थे—और उनके अतिरिक्त भी बहुत-से रंग

थे। मैंने कई अलग-अलग रंगों की रेत को हाथ में लेकर देखा और मसलकर नीचे गिर जाने दिया। जिन रंगों को हाथों से नहीं छू सका, उन्हें पैरों से मसल दिया। मन था कि किसी तरह हर रंग की थोड़ी-थोड़ी रेत अपने पास रख लूँ। पर उसका कोई उपाय नहीं था। यह सोचकर कि फिर किसी दिन आकर उस रेत को बटोरूँगा, मैं उदास मन से वहाँ से आगे चल दिया।

समुद्र में पानी बढ़ रहा था। तट की चौड़ाई धीरे-धीरे कम होती जा रही थी। एक लहर मेरे पैरों को भिगो गयी, तो सहसा मुझे ख़तरे का एहसास हुआ। मैं जल्दी-जल्दी चलने लगा। तट का सिर्फ़ तीन-तीन चार-चार फ़ुट हिस्सा पानी से बाहर था। लग रहा था कि जल्दी ही पानी उसे भी अपने अन्दर समा लेगा। एक बार सोचा कि खड़ी रेत से होकर फिर ऊपर चला जाऊँ। पर वह स्याह पड़ती रेत इस तरह दीवार की तरह उठी थी कि उस रास्ते ऊपर जाने की कोशिश करना ही बेकार था। मेरे मन में ख़तरा बढ़ गया। मैं दौड़ने लगा। दो-एक और लहरें पैरों के नीचे तक आकर लौट गयीं। मैंने जूता उतारकर हाथ में ले लिया। एक ऊँची लहर से बचकर इस तरह दौड़ा जैसे सचमुच वह मुझे अपनी लपेट में लेने आ रही हो। सामने एक ऊँची चट्टान थी। वक़्त पर अपने को सँभालने की कोशिश की, फिर भी उससे टकरा गया। बाँहों पर हल्की खरोंच आ गयी, पर ज़्यादा चोट नहीं लगी। चट्टान पानी के अन्दर तक चली गयी थी—उसे बचाकर आगे जाने के लिए पानी में उतरना आवश्यक था। पर उस समय पानी की तरफ़ पाँव बढ़ाने का मेरा साहस नहीं हुआ। मैं चट्टान की नोकों पर पैर रखता किसी तरह उसके ऊपर पहुँच गया। सोचा नीचे खड़े रहने की उपेक्षा वह अधिक सुरक्षित होगा। पर ऊपर पहुँचकर लगा जैसे मेरे साथ एक मज़ाक़ किया गया हो। चट्टान के उस तरफ़ तट का खुला फैलाव था—लगभग सौ फ़ुट का। कितने ही लोग वहाँ टहल रहे थे। ऊपर सड़क पर जाने के लिए वहाँ से रास्ता भी बना था। मन से डर निकल जाने से मुझे अपना-आप काफ़ी हल्का लगा और मैं चट्टान से नीचे कूद गया।

रात। केप होटल का लॉन। अँधेरे में हिन्द महासागर को काटती कुछ स्याह लकीरें—एक पौधे की टहनियाँ। नीचे सड़क पर टार्च जलाता-बुझाता एक आदमी। दक्षिण-पूर्व के क्षितिज में एक जहाज़ की मद्धिम-सी रोशनी।

मन बहुत बेचैन था—बिना पूरी तरह भीगे सूखती मिट्टी की तरह। जगह मुझे इतनी अच्छी लगी थी कि मन था अभी कई दिन, कई सप्ताह, वहाँ रहूँ। पर अपने भुलक्कड़पन की वजह से एक ऐसी हिमाक़त कर आया था कि लग रहा था

वहाँ से तुरन्त लौट जाना पड़ेगा। अपना सूटकेस खोलने पर पता चला था कि कनानोर में सत्रह दिन रहकर जो अस्सी-नब्बे पन्ने लिखे थे, वे वहीं मेज़ की दराज़ में छोड़ आया हूँ। अब मुझे दो में से एक चुनना था। एक तरफ़ था कन्याकुमारी का सूर्यास्त, समुद्र-तट और वहाँ की रेत। दूसरी तरफ़ अपने हाथ के लिखे काग़ज़ जो शायद अब भी सेवाय होटल की एक दराज़ में बन्द थे। मैं देर तक बैठा सामने देखता रहा—जैसे कि पौधे की टहनियों या उनके हाशिये में बन्द महासागर के पानी से मुझे अपनी समस्या का हल मिल सकता है।

कुछ देर में एक गीत का स्वर सुनाई देने लगा जो धीरे-धीरे पास आता गया। एक कान्वेंट की बस होटल के कम्पाउंड में आकर रुक गयी। बस में बैठी लड़कियाँ अँग्रेज़ी में एक गीत गा रही थीं जिसमें समुद्र के सितारे को सम्बोधित किया गया था। उस गीत को सुनते हुए और दूर जहाज़ की रोशनी के ऊपर एक चमकते सितारे को देखते हुए मन और उदास होने लगा। गहरी साँझ के सुरमई रंग में रंगी वह आवाज़ मन की गहराई के किसी कोमल रोयें को हलके-हलके सहला रही थी। लग रहा था कि उस रोयें की ज़िद शायद मुझे वहाँ से जाने नहीं देगी। लेकिन उससे भी ज़िद्दी एक और रोयाँ था—दिमाग़ के किसी कोने में अटका—जो सुबह वहाँ से जानेवाली बसों का टाइम-टेबल मुझे बता रहा था। गीत के स्वरों की प्रतिक्रिया में साथ टाइम-टेबल के हिन्दसे जुड़ते जा रहे थे—पहली बस सात पन्द्रह, दूसरी आठ पैंतीस, तीसरी...। थोड़ी देर में बस लौट गयी, गीत के स्वर विलीन हो गये और मन में केवल हिन्दसों की चर्ख़ी चलती रह गयी।

ग्रेजुएट नवयुवक मुझे बता रहा था कि कन्याकुमारी की आठ हज़ार को आबादी में कम-से-कम चार-पाँच सौ शिक्षित नवयुवक ऐसे हैं जो बेकार हैं। उनमें से सौ के लगभग ग्रेजुएट हैं। उनका मुख्य धन्धा है नौकरियों के लिए अर्ज़ियाँ देना और बैठकर आपस में बहस करना। वह ख़ुद वहाँ फ़ोटो-अलबम बेचता था। दूसरे नवयुवक भी उसी तरह के छोटे-मोटे काम करते थे। "हम लोग सीपियों का गूदा खाते हैं और दार्शनिक सिद्धान्तों पर बहस करते हैं," वह कह रहा था। "इस चट्टान से इतनी प्रेरणा तो हमें मिलती ही है।" मुझे दिखाने के लिए उसने वहीं से एक सीपी लेकर उसे तोड़ा और उसका गूदा मुँह में डाल लिया।

पानी और आकाश में तरह-तरह के रंग झिलमिलाकर, छोटे-छोटे द्वीपों की तरह समुद्र में बिखरी स्याह चट्टानों की चोट से सूर्य उदित हो रहा था। घाट पर बहुत-से लोग उगते सूर्य को अर्घ्य देने के लिए एकत्रित थे। घाट से थोड़ा हटकर गवर्नमेंट गेस्ट-हाउस के बैरे सरकारी मेहमानों को सूर्योदय के समय की कॉफ़ी

पिला रहे थे। दो स्थानीय नवयुवतियाँ उन्हें अपनी टोकरियों से शंख और मालाएँ दिखला रही थीं। वे लोग दोनों काम साथ-साथ कर रहे थे—मालाओं का मोल-तोल और अपने बाइनाक्युलर्ज़ से सूर्य-दर्शन। मेरा साथी अब मोहल्ले-मोहल्ले के हिसाब से मुझे बेकारी के आँकड़े बता रहा था। बहुत-से कडल-काक हमारे आसपास तैर रहे थे—वहाँ की बेकारी की समस्या और सूर्योदय की विशेषता, इन दोनों से बे-लाग।

मेरे साथियों का कहना था कि लौटते हुए नाव को घाट की तरफ़ से घुमाकर लाएँगे, हालाँकि मल्लाह उस तूफ़ान में उधर जाने के हक़ में नहीं थे। बहुत कहने पर मल्लाह किसी तरह राज़ी हो गये और नाव को घाट की तरफ़ ले चले। नाव विवेकानन्द चट्टान के ऊपर से घूमकर लहरों के थपेड़े खाती उस तरफ़ बढ़ने लगी। वह रास्ता सचमुच बहुत ख़तरनाक था—जिस रास्ते से हम आये थे, उससे कहीं ज़्यादा। नाव इस तरह लहरों के ऊपर उठ जाती थी कि लगता था नीचे आने तक ज़रूर उलट जाएगी। फिर भी हम घाट के बहुत क़रीब पहुँच गये। ग्रेजुएट नवयुवक घाट से आगे की चट्टान की तरफ़ इशारा करके कह रहा था, ''यहाँ आत्महत्याएँ बहुत होती हैं। अभी दो महीने पहले एक लड़की ने उस चट्टान से कूदकर आत्म-हत्या कर ली थी।''

मैंने सरसरी तौर पर आश्चर्य प्रकट कर दिया। मेरा ध्यान उसकी बात में नहीं था। मैं आँखों से तय करने की कोशिश कर रहा था कि घाट और नाव के बीच अब कितना फ़ासला बाक़ी है।

''वह आत्महत्या करने के लिए ही यहाँ आयी थी,'' ग्रेजुएट नवयुवक कह रहा था। ''सुना है उसे कुँवारेपन में ही बच्चा होनेवाला था। अर्णाकुलम् और त्रिवेन्द्रम् के बीच के किसी गाँव की थी वह। बाद में मुट्टम् के पास उसका शरीर लहरों ने किनारे पर निकाल दिया था।''

एक लहर ने नाव को इस तरह धकेल दिया कि मुश्किल से वह उलटते-उलटते बची। आगे तीन-चार चट्टानों के बीच एक भँवर पड़ रहा था। नाव अचानक एक तरफ़ से भँवर में दाख़िल हुई और दूसरी तरफ़ से निकल आयी। इससे पहले कि मल्लाह उसे सँभाल पाते, वह फिर उसी तरह भँवर में दाख़िल होकर घूम गयी। मुझे कुछ क्षणों के लिए भँवर और उससे घूमती नाव के सिवा और किसी चीज़ की चेतना नहीं रही। चेतना हुई जब भँवर में तीन-चार चक्कर खा लेने के बाद नाव किसी तरह उससे बाहर निकल आयी। यह अपने-आप या मल्लाहों की कोशिश से, मैं नहीं कह सकता। भँवर से कुछ दूर आ जाने पर ग्रेजुएट नवयुवक ने बताया कि हम उस चट्टान को लगभग छूकर आये हैं जिस पर से कूदकर उस नवयुवती ने कन्याकुमारी की साक्षी में आत्महत्या की थी।

पर मैंने तब तक उस चट्टान की तरफ़ ध्यान से नहीं देखा जब तक हम किनारे के बहुत पास नहीं पहुँच गये। यह भी वहाँपहुँचकर जाना कि घाट की तरफ़ से आने का इरादा छोड़कर मल्लाह उसी रास्ते से नाव को वापस लाये हैं जिस रास्ते से पहले ले गये थे।

कन्याकुमारी के मन्दिर में पूजा की घंटियाँ बज रही थीं। भक्तों की एक मंडली अन्दर जाने से पहले मन्दिर की दीवार के पास रुककर उसे प्रणाम कर रही थी। सरकारी मेहमान गेस्ट-हाउस की तरफ़ लौट रहे थे। हमारी नाव और किनारे के बीच हल्की धूप में कई एक नावों के पाल और कडलकाकों के पंख एक-से चमक रहे थे। मैं अब भी आँखों से बीच की दूरी नाप रहा था और मन में बसों का टाइम-टेबल दोहरा रहा था। तीसरी बस नौ चालीस पर, चौथी...।[1]

□□

1. उसके बाद एक शाम और वहाँ रुककर कनानोर लौट गया। वहाँ जाकर अपने लिखे काग़ज़ मिल तो गये, पर तब तक चौकीदार ने उन्हें मोड़कर उनकी कॉपी बना ली थी। काग़ज़ों पर लिखाई एक ही तरफ़ थी, इसलिए उनके ख़ाली हिस्सों पर उसने अपना हिसाब लिखना शुरू कर दिया था। जब मैंने वह कॉपी उससे ली, तो उसे शायद उससे कम निराशा नहीं हुई जितनी कन्याकुमारी पहुँचकर अपना सूटकेस खोलने पर मुझे हुई थी।